# LES ROYAUMES
DES
# ANGES TERRESTRES

# LES ROYAUMES
# DES
# ANGES TERRESTRES

Complément d'information à l'intention
des êtres incarnés : anges, élémentaux, magiciens
et autres artisans de lumière

**DOREEN VIRTUE, PH.D.**

Traduit de l'anglais par
Diane Thivierge

ADA
éditions

Syntonisez radio Hay House à www.hayhouseradio.com

Éditeur : François Doucet
Traduction : Diane Thivierge
Révision linguistique : L. Lespinay
Révision : Nancy Coulombe, Carine Paradis
Montage de la couverture : Matthieu Fortin
Illustration de la couverture : Josephine Wall
Mise en pages : Sylvie Valois
ISBN : 978-2-89565-603-6
Première impression : 2009
Dépôt légal : 2009
Bibliothèque et Archives nationales du Québec
Bibliothèque Nationale du Canada

**Éditions AdA Inc.**
1385, boul. Lionel-Boulet
Varennes, Québec, Canada, J3X 1P7
Téléphone : 450-929-0296
Télécopieur : 450-929-0220
www.ada-inc.com
info@ada-inc.com

Diffusion

| | |
|---|---|
| Canada : | Éditions AdA Inc. |
| France : | D.G. Diffusion<br>Z.I. des Bogues<br>31750 Escalquens — France<br>Téléphone : 05.61.00.09.99 |
| Suisse : | Transat — 23.42.77.40 |
| Belgique : | D.G. Diffusion — 05.61.00.09.99 |

**Imprimé au Canada**

Participation de la SODEC.
Nous reconnaissons l'aide financière du gouvernement du Canada par l'entremise du Programme d'aide au développement
de l'industrie de l'édition (PADIÉ) pour nos activités d'édition.
Gouvernement du Québec — Programme de crédit d'impôt pour l'édition de livres — Gestion SODEC.

**Catalogage avant publication de Bibliothèque et Archives nationales du Québec et Bibliothèque et Archives Canada**

Virtue, Doreen, 1958-

Complément d'information à l'intention des êtres incarnés : anges, élémentaux, magiciens et autres artisans de lumière

Traduction de : Realms of the Earth angels.
ISBN 978-2-89565-603-6
1. Anges - Miscellanées. 2. Spiritisme. I. Titre.

BL477.V57214 2009 202'.15 C2009-941903-3

# Table des matières

# *Petite mise en garde*

L'OUVRAGE QUE VOICI N'EST NI UN LIVRE D'HISTOIRES mettant en scène des anges, ni un livre qui traite des anges au sens où on l'entend d'habitude. Généralement, les gens pensent aux anges terrestres en tant qu'âmes charitables et cet ouvrage prend cette expression au sens littéral du terme, comme vous le constaterez bientôt. Aussi, les personnes non averties, habituées à la rhétorique courante sur les anges, risquent d'être surprises et même choquées par ce qu'elles liront.

À ceux et celles qui verraient dans ce livre une théorie favorisant la ségrégation parmi les anges, je dirais qu'il faut plutôt y voir une typologie établie en fonction des personnalités, du comportement et des caractéristiques physiques des anges terrestres, à l'image des informations présentées dans les traités d'astrologie. Les anges terrestres parmi vous se sentiront immédiatement interpelés par la teneur de mes propos, alors que les autres risquent d'être déroutés, voire de s'y objecter. Je désire avant tout aider et guérir, mais je sais que de telles intentions portent parfois à controverse.

Depuis la publication de mon livre *Les anges terrestres* en 2005, j'ai eu l'occasion de discuter de son contenu avec de nombreuses personnes. Dans mes cours de certification, nous faisons une étude approfondie des différents royaumes et je vais jusqu'à aider mes étudiants à déterminer leur royaume d'origine. C'est ainsi que j'ai obtenu des renseignements additionnels sur l'existence de nouveaux royaumes.

Lorsque j'ai commencé à donner des cours sur les royaumes des anges terrestres, j'ai constaté que certaines personnes n'arrivaient pas à saisir ce dont il s'agissait. J'ai d'abord pensé qu'elles étaient des *âmes dilettantes*, des *changeformes* ou des *âmes en transition*, c'est-à dire des âmes qui ont connu de nombreux royaumes et qui s'identifient à plus d'un.

J'ai cependant fini par comprendre que ces personnes appartenaient à de nouveaux royaumes qui n'avaient pas encore été découverts. Au fur et à mesure que nous parvenions à les identifier, certains aspects de ma recherche s'éclairaient. L'ouvrage que voici est le fruit de mes recherches portant sur ces nouveaux royaumes. Vous y trouverez également de nouveaux éléments d'information sur les royaumes décrits dans mon ouvrage précédent, *Les anges terrestres*.

Une partie du matériel présenté ici ressemble à ce que l'on trouvait dans *Les anges terrestres* et j'espère de tout cœur que vous apprécierez le degré d'approfondissement atteint depuis la publication de mon premier livre sur le sujet.

Je suis d'avis que nous découvrirons encore d'autres royaumes dans les années à venir et je vous invite à me faire part de toute nouvelle information à ce sujet.

Toutes les histoires et tous les témoignages que vous lirez sont véridiques ; ils proviennent de personnes qui en ont autorisé la publication et qui ont consenti à divulguer leur nom. Trois d'entre elles ont souhaité protéger leur identité par un pseudonyme et deux ont consenti à l'utilisation de leurs initiales seulement. Je remercie toutes les personnes qui se sont ainsi livrées. Nous sortirons tous enrichis de ce partage.

# Chapitre I

# *Êtes-vous un ange terrestre ?*

Si vous vous sentez différent des autres, un peu comme si on vous avait parachuté sur terre et que vous vous demandiez à quel moment on viendra vous chercher, vous êtes peut-être un *ange terrestre,* un terme qui englobe les appellations telles que *artisan de lumière*, *enfant indigo* ou *cristal*, ou toute autre dénomination désignant une personne qui s'est incarnée en vue de contribuer à rendre le monde meilleur.

Chaque individu est chargé, à la naissance, d'une mission personnelle qui consiste à apprendre et à évoluer. Chacun de nous a choisi un thème sur lequel il va travailler afin d'intégrer une leçon de vie, comme d'apprendre à être patient, à pardonner et à éprouver de la compassion. Mais les anges terrestres ont une mission *élargie* à accomplir, en sus de leur mission personnelle, et cette mission consiste à servir notre monde.

Si vous avez une passion et un talent pour la guérison, l'enseignement ou l'entraide — et que vous avez vous-même souffert d'une dépendance à une substance, ou de problèmes relationnels ou de poids — vous êtes peut-être un ange terrestre. Si vous êtes extrêmement sensible et que vous abhorrez la violence sous toutes ses formes, il se pourrait bien que vous soyez un ange terrestre !

Toutes les âmes proviennent de la même source divine, mais il arrive fréquemment que notre milieu et notre histoire personnelle façonnent notre personnalité et nos traits physiques. Prenons, par exemple, ceux qui passent presque tout leur temps à surfer sous les tropiques. Ils auront des manières et un physique différents de ceux qui sont enfermés à longueur de journée dans une tour à bureaux.

Il en va de même pour vos vies antérieures. Elles ont toutes contribué à ce que vous êtes devenu. De la même manière que vos parents et ancêtres biologiques vous ont laissé un bagage génétique, les âmes de votre famille d'origine ont également contribué à modeler votre apparence, votre comportement et même votre mission de vie.

Au risque d'insister, nous abritons tous, *à l'intérieur* de nous, une magnifique étincelle de lumière divine qui est immaculée. Or, comme artisan de lumière, il se pourrait que *votre* étincelle ait séjourné dans des royaumes célestes situés loin de notre Terre. Toutes ces vies passées au royaume des anges ou des élémentaux, ou sur d'autres planètes, ont fait de vous ce que vous êtes aujourd'hui. Votre corps a beau être humain, il n'en demeure pas moins que votre âme a l'impression d'être une voyageuse en pays étranger, et que cela correspond en tous points à votre nature profonde.

Nous ne sommes pas tous des anges terrestres, bien sûr. Dieu a confié cette mission aux étincelles de lumière les plus vives et les plus grosses afin de mener à bien la transition vers le Nouvel Âge de la Paix. Les humains qui ne sont pas des anges terrestres sont uniquement ici pour des raisons de croissance personnelle, de repos ou de plaisir. Ils peuvent paraître obtus ou entièrement imperméables à la spiritualité ; pourtant, ce sont eux aussi des étincelles divines. Leur vie est simplement dédiée à des considérations d'ordre humain et terrestre.

## *La mission première des anges terrestres*

Si vous êtes un ange terrestre, vous êtes un puissant artisan de lumière qui a déjà effectué bien des guérisons et des miracles, et qui continuera à le faire. Vous avez accepté la mission divine qui consiste à venir sur terre pour répandre vos enseignements et énergies de guérison. Comment vous êtes-vous débrouillé jusqu'ici ? Si vous avez eu du mal à vous adapter à la vie sur Terre, le fait de vous rappeler vos origines spirituelles peut vous fournir certaines réponses, vous aider à vous orienter et vous réconforter.

Vous pourriez découvrir que vous êtes un ange ou un élémental incarné ; un être venu des étoiles dont les vies passées étaient extraterrestres (comme E.T.) ; un être appartenant au peuple de la mer ; un farfadet ; un chevalier paladin ; ou un sage — c'est-à-dire une sorcière, une grande prêtresse ou un sorcier réincarnés. Vous êtes un aidant expérimenté dépêché sur terre pour passer à l'action — vous êtes un ange terrestre. Dans vos vies antérieures, vous étiez peut-être un ange ou un élémental incarné, ou un autre être du même genre, mais vous avez tout oublié et croyez avoir toujours été un être humain.

Les anges terrestres ne sont pas nécessairement des *anges incarnés*, ces derniers ne constituant qu'un des nombreux royaumes d'anges terrestres. L'exploration de vos origines spirituelles vous aidera à mieux comprendre votre personnalité, vos comportements, ainsi que vos petites excentricités. Comme je vous l'ai déjà expliqué, cette classification s'apparente en quelque sorte à celle qui a donné naissance à nos signes astrologiques qui regroupent des individus ayant en commun certaines caractéristiques.

## *Mes premiers travaux dans le domaine*

C'est dans le cadre de ma pratique privée comme consultante en angéologie, en médiumnité et en voyance que l'existence des anges terrestres m'a été dévoilée. Ma clientèle se composait généralement d'artisans de lumière qui avaient remis à plus tard l'accomplissement de leur mission de vie.

Je n'oublierai jamais le premier ange terrestre que j'ai identifié comme tel lors d'une consultation. Au moment où j'ai scanné ses épaules tout en regardant son aura et ses guides spirituels, j'ai aperçu, grâce à mes dons de clairvoyance, comme une grosse artère qui sortait de son épaule gauche. Lorsque j'ai levé la tête pour voir jusqu'où le tube allait, j'ai eu la surprise de ma vie : juste au-dessus de cette personne tournoyait dans les airs un vaisseau spatial ! Jamais auparavant je ne m'étais intéressée aux ovnis ni aux extraterrestres et, ma foi, cela m'impressionnait passablement. Après quelques hésitations, j'ai décidé de faire confiance à mes visions et, comme à l'habitude, j'ai décrit le plus fidèlement possible à ma cliente ce que je voyais. L'expérience m'a enseigné que même si, personnellement, *je* ne comprenais pas toujours la signification de mes visions, mes clients, *eux*, la comprenaient généralement.

J'ai donc pris une grande respiration et j'ai avoué : « Je vois ce qui me semble être un vaisseau spatial au-dessus de votre tête. »

« Ah oui », m'a-t-elle répondu sur un ton qui laissait entendre qu'elle trouvait cela normal. « D'aussi loin que je me souvienne, il a toujours été là », a-t-elle ajouté.

Ça m'a clouée sur place. Je n'en ai pas moins écouté la dame avec l'esprit ouvert lorsqu'elle m'a raconté que c'était son guide et protecteur et qu'il était toujours là pour la protéger ou lui communiquer des renseignements utiles au besoin. Elle m'a même confié être déjà allée à l'intérieur du vaisseau pendant son sommeil.

Peu après, j'ai reçu plusieurs autres clients ainsi reliés à un vaisseau spatial. Étant naturellement portée à tisser des liens entre divers types de comportement et traits de personnalité, j'ai vite été en mesure de remarquer que mes clientes et clients « venus des étoiles » avaient en commun certaines couleurs d'aura, façons d'interagir et missions de vie, de même que certains traits du visage.

## *À la découverte d'autres royaumes*

Je reçois la plupart de mes renseignements de nature ésotérique de mes propres guides et anges, soit pendant mon sommeil, soit lors de séances de voyance ou de méditation. On m'a dit de chercher, parmi ma clientèle et les personnes qui assistent à mes conférences, d'autres incarnations de groupes d'âmes.

J'ai commencé par étudier les *anges incarnés*. Ces hommes et ces femmes possèdent un visage angélique, une silhouette plutôt costaude et un passé marqué par la codépendance relationnelle. Ce sont aussi de perpétuels aidants. Prenons le cas type de ma cliente Laurie, une très jolie et charmante infirmière au visage en forme de cœur et aux courbes arrondies. Après avoir essayé pendant des années de réformer son mari alcoolique, elle a finalement pris la pénible décision de divorcer. Lorsqu'elle est venue me voir, elle cherchait une façon d'exploiter son talent naturel pour la guérison dans le cadre d'une pratique privée.

J'ai ensuite rencontré des *élémentaux incarnés*. Jayne, une autre de mes clientes, en est un exemple parfait. Élancée, elle a les cheveux roux coupés comme un lutin. C'est le genre de personne qui pourrait très bien porter des chaussures vertes à pointes retroussées garnies d'un grelot. C'est une professionnelle du toilettage de chiens qui défend vigoureusement les droits des animaux. Elle est venue me voir après avoir rompu ses fiançailles, parce que son petit ami voulait qu'ils déménagent loin de la région montagneuse où elle avait grandi.

« Il veut déménager en ville, m'a expliqué Jayne. Si je devais vivre loin de la nature, je me dessécherais et j'en mourrais, surtout si j'allais vivre en ville où les arbres sont rarissimes. »

Pendant de nombreuses années, j'ai cru qu'il n'existait que ces catégories d'anges terrestres : les anges incarnés, les élémentaux et le peuple des étoiles. En fait, 80 pour cent de mes élèves en counseling spirituel ont découvert qu'ils avaient des affinités pour l'une ou l'autre de ces catégories. Lorsqu'il m'arrivait de réunir les membres d'un même groupe spirituel, je les voyais rire et pleurer ensemble et s'exclamer : « Vraiment ? Toi aussi ? C'est exactement comme ça pour moi aussi. » Et ils échangeaient des anecdotes racontant des épisodes de leur vie terrestre vus à travers le filtre de leur propre royaume.

Certains de mes élèves, cependant, n'arrivaient pas à s'identifier à l'une ou l'autre des catégories : « Qu'en est-il de nous, les humains ? » demandaient-ils.

C'est Grant, mon fils, qui a fini par trouver la réponse. En tant que participant à mon cours de thérapie angélique que je donnais à Miami, il s'est adressé à la classe pour parler brièvement de l'utilisation des bougies lors de rituels et d'incantations. Ayant étudié à fond la spiritualité Wiccan, il avait de nombreux enseignements à communiquer. À la fin de son allocution, il s'est tourné vers l'auditoire et il a dit : « Je connais la quatrième catégorie des artisans de lumière… je la connais, car j'en fais partie. Elle regroupe ceux et celles parmi nous qui sommes des êtres réincarnés : magiciens, magiciennes, grandes prêtresses, sorciers et sorcières. »

Les participants ont eu le souffle coupé. Puis, des « Oh ! » et des « Ah ! » ont fusé de toutes parts. « Tout s'éclaire maintenant », pouvait-on entendre. Et « C'est moi, ça ! » Les propos de Grant trouvaient écho chez ces gens.

Depuis, j'ai étudié et interviewé plusieurs personnes appartenant à cette catégorie, que j'appelle maintenant les *sages*. Chaque fois que j'écris ou que je donne des conférences sur le sujet, je reçois une confirmation que ce puissant groupe d'artisans de lumière appartient bel et bien à cette catégorie.

Phyllis en est un exemple parfait. Cette femme, au visage ovale et à la longue chevelure, a des yeux perçants que l'on devine capables de franchir la barrière du monde physique. Elle est l'élégance même et se déplace avec un port quasi royal. Lorsque Phyllis a vu les films *Les brumes d'Avalon, Le seigneur des anneaux* et *Harry Potter et la pierre philosophale,* elle s'est tout de suite sentie interpelée par les anciens pouvoirs magiques qu'elle possédait autrefois. Elle sait que, dans une vie antérieure, elle a été brûlée vive sur un bûcher pour sorcellerie.

Lorsque j'ai commencé à enseigner cette matière, je présentais une cinquième catégorie appelée *walk-ins.* Ce sont des âmes qui choisissent de s'incarner directement dans un corps d'adulte afin de contourner les difficiles années de l'enfance et de l'adolescence. Bien que ce soient des âmes très évoluées chargées de missions de la plus haute importance, ce ne sont pas réellement des anges terrestres, comme je l'ai compris par la suite. Ils s'apparentent davantage à un processus, ce qui explique leur absence du présent ouvrage.

Vous y trouverez, par contre, des informations sur les nouveaux royaumes que j'ai découverts depuis la parution de mon précédent ouvrage *Les anges terrestres.* Nous savons maintenant à quels royaumes appartiennent les nombreuses personnes précédemment classées dans la catégorie « royaumes divers », réunissant les *dilettantes*, les *changeformes* et les *âmes en transition*. Et nous avons de l'information sur elles. J'ai l'intuition qu'il existe encore de nombreux autres royaumes à découvrir, qui finiront par nous être révélés. Il s'agit là, de toute évidence, d'un champ d'étude qui nécessite encore de nombreuses recherches empiriques.

## *Le pouvoir guérisseur de l'accès à ces connaissances*

Lorsque j'ai commencé à discuter publiquement de ce concept, je me suis vite aperçue qu'on me comprenait mal. J'ai donc décidé de ne dispenser ces enseignements que dans le cadre de mon cours de certification offert à des personnes qui possèdent déjà l'ouverture d'esprit nécessaire. J'ai donc attendu que ces dernières soient rendues au cœur de la matière pour aborder le sujet des anges incarnés, des élémentaux, des sages et du peuple des étoiles.

Chaque fois que j'abordais le sujet, j'assistais à un grand soulagement suivi d'une guérison. Voici comment ont réagi quelques-unes des personnes qui ont découvert qu'elles étaient des anges terrestres :

- « Cela m'a beaucoup soulagé. Je ne me sens plus aussi étrange qu'avant et j'ai enfin un sentiment d'appartenance. »

- « Le fait de connaître mon royaume m'a libéré d'un poids : j'ai su qu'il n'y avait rien d'anormal dans mon comportement. »

- « Ça aide de savoir que je ne suis pas seul à me sentir comme ça. »

- « J'ai toujours su que j'étais différent et il y a maintenant une explication logique à cela. »

- « J'ai enfin compris pourquoi je ressentais le besoin d'aider les autres à tout prix. Je n'en avais aucune idée auparavant. »

Constatant les bienfaits retirés par ceux et celles qui prenaient conscience de leur appartenance, et poussée par mes guides qui continuaient à me fournir de l'information et m'incitaient à continuer dans cette voie, j'ai poursuivi l'étude de ce phénomène.

J'ai entrepris plusieurs fois la rédaction du présent livre — sans jamais aller jusqu'au bout — persuadée que le moment n'était pas encore propice pour discuter aussi ouvertement de ces choses-là. Après avoir publié *Guérir avec l'aide des anges*, qui comportait un chapitre intitulé « Les anges incarnés, les élémentaux, le peuple des étoiles », ainsi qu'un article portant sur le sujet (un article qui a été reproduit dans plusieurs publications de métaphysique et sur mon site internet **angeltherapy.com**) ; chaque fois que je donnais une conférence, des gens dans l'auditoire me demandaient d'approfondir le sujet ou de leur dire à quel royaume d'anges terrestres ils appartenaient.

Mon ex-adjointe administrative, Bronny Daniels, s'est immédiatement reconnue dans le portrait que j'ai tracé d'un être venu des étoiles (comme plusieurs d'entre eux, elle est maître reiki.) Elle s'est trouvé des affinités particulières avec les Pléiades (une constellation d'étoiles visible dans l'hémisphère nord) et m'a même dit avoir par deux fois canalisé la langue pléiadienne. Bronny m'a aussi fortement suggéré d'écrire ce livre, et sa demande a achevé de me motiver, car je sentais que le moment était enfin propice.

Lorsque j'ai présenté mon projet de livre à ma maison d'édition, on m'a répondu : « Nous en parlerons à notre prochaine réunion. » Je me demandais si les gens de la maison d'édition n'allaient pas trouver le sujet trop bizarre. Bronny et son groupe ont prié pour que cette dernière publie *Les anges terrestres* :

non seulement ont-ils accepté, mais ils ont également consenti à publier la version mise à jour que vous avez entre les mains !

La prochaine étape consistait à envoyer un questionnaire à des personnes intéressées par les diverses incarnations d'anges terrestres. Je me suis d'abord adressée aux abonnés de mon bulletin d'information, aux amis de Bronny (ceux du peuple des étoiles) et à ceux et celles qui avaient terminé ma formation pour devenir praticiens en thérapie angélique. Je m'attendais à recevoir au plus une douzaine de questionnaires remplis. Quelle ne fut pas ma surprise d'en recevoir des centaines. En effet, mon questionnaire avait circulé sur Internet !

## *Les caractéristiques des anges terrestres*

Certaines caractéristiques se retrouvent chez tous les anges terrestres, alors que d'autres sont particulières à l'un ou l'autre de ces royaumes. Vous trouverez, aux chapitres suivants, les différences et les similarités entre les anges des différents royaumes. En voici un aperçu :

— **Se sentir différent, étranger ou à part des autres.** À peu près tous les anges terrestres que j'ai rencontrés ou interrogés m'ont dit se sentir « différents des autres ». Pour tous les royaumes, sauf celui des sages, cette caractéristique est présente jusqu'à l'âge adulte.

Voici le témoignage de Kelly à ce sujet : « Je n'ai jamais eu de sentiment d'appartenance. Je me suis toujours sentie comme un paria. À l'école primaire, les autres enfants me disaient toujours que j'étais bizarre. Je le prenais très mal, car j'avais l'impression que personne ne m'aimait. Je passais de longues heures à pleurer sur mon sort. Je me sentais démunie et je m'apitoyais sur mon sort, car je ne comprenais pas pourquoi ils me trouvaient différente d'eux.

« J'étais déterminée à m'intégrer et à me faire aimer, mais la seule façon que je connaissais pour y parvenir était de faire le bien autour de moi. Ce n'est que plus tard que j'ai compris que plusieurs personnes à l'époque avaient abusé de ma bonté.

« Maintenant que je sais que je suis un ange incarné, je vois les choses d'un autre œil. Je m'autorise à être différente et je m'accepte telle que je suis. Je suis ainsi que l'on m'a faite. Tout est en ordre. J'ai cessé de toujours faire en sorte qu'on m'aime. »

Nombreux sont les anges terrestres qui ont été taquinés ou insultés parce que leur apparence, leurs intérêts ou leur comportement étaient différents de ceux des autres. Terry, par exemple, raconte comment ses sœurs disaient d'elle qu'elle « avait été parachutée sur Terre par un ovni ». Aujourd'hui, elle se rend compte à quel point leurs railleries se rapprochent de la vérité et leurs propos ne la blessent plus.

— **Une grande sensibilité aux autres, aux produits chimiques et à la violence sous toutes ses formes.** Les anges terrestres sont mal à l'aise parmi les foules. Ils se sentent bombardés par les émotions et les sensations physiques qui émanent de ceux qui les entourent. La plupart ont appris à éviter les pires contaminants chimiques présents dans la nourriture, les produits d'entretien ménager et les articles de toilette. Les réactions allergiques les en tiennent éloignés. Toute forme de violence leur répugne, y compris les disputes, les bulletins d'information négatifs véhiculés par les médias et les films violents. On les « accuse » souvent d'être trop sensibles. Et pourtant, leur grande sensibilité est un cadeau sacré qui leur permet de savoir intuitivement où prodiguer leurs bienfaits. Même en déployant tous les efforts du monde, jamais ils ne réussiraient à désactiver leur sensibilité.

Shelley, un ange terrestre, a dit ceci : « J'ai toujours détesté me retrouver dans une foule ou entourée de bruit et de chaos. Mon degré d'empathie semble me nuire plus souvent qu'il ne m'aide. Je me sens éparpillée et désorientée à la moindre hausse du niveau d'énergie qui m'entoure. J'ai du mal à vivre avec les autres ; il m'est beaucoup plus facile de vivre seule. »

— **Un sens aigu de leur mission.** Même s'ils ne connaissent pas la nature exacte de leur mission, les anges terrestres savent que cela concerne l'enseignement et la guérison. Stan en dit ceci : « J'ai toujours su que ma mission dans la vie consistait à enseigner, guérir et servir les autres, et j'essaie d'apporter ma contribution dans ce monde agité. Je ne suis pas certain de savoir exactement ce pour quoi je suis ici, mais je suis disposé à faire ma part. »

— **Un passé douloureux sur le plan affectif.** Les anges terrestres ont souvent été élevés par des parents coupés de leurs émotions ou qui les ont maltraités. Adultes, il se peut qu'ils attirent à eux des amis ou des partenaires qui finissent par les maltraiter. Les anges terrestres ont souvent des partenaires infidèles, qui leur infligent des mauvais traitements physiques ou verbaux, ou qui n'arrivent pas à s'engager. Certains sont « dépêchés » dans des familles dysfonctionnelles pour catalyser la guérison. Ces jeunes anges ont alors l'impression d'avoir été adoptés, car ils n'ont rien en commun avec leurs parents ni avec leurs frères et sœurs. C'est effectivement leur famille *physique*, mais pas leur famille spirituelle. D'autres choisissent de naître dans une famille qui les met à rude épreuve, pour ainsi progresser à pas de géant durant cette vie sur Terre. Il semble que seule une prise de conscience et une détermination farouche à guérir de ce cycle infernal soient garantes de saines relations affectives dans l'avenir.

— **Des inconnus leur confient leurs problèmes et des détails intimes de leur vie personnelle.** Les anges terrestres ont l'habitude de recevoir des confidences de la part de parfaits inconnus qui leur demandent leur aide et leur livrent des secrets très personnels. On leur dit qu'ils ont ce « je ne sais quoi » qui inspire confiance.

Alisann raconte : « D'aussi loin que je me souvienne, ce genre de chose m'est arrivé. Je me trouve dans une pièce bondée, puis quelqu'un s'approche de moi et commence à me raconter sa vie sans que je lui aie rien demandé. » Cette tendance est plus marquée chez les anges incarnés, car les êtres qui viennent d'autres royaumes ont appris à utiliser le langage corporel pour décourager ce genre de pratique.

— **Une apparence plus jeune que leur âge réel.** Peut-être est-ce parce qu'ils mangent plus sainement, font de l'exercice et prennent mieux soin d'eux-mêmes en général — ou peut-être est-ce à cause de leur regard spirituel posé sur le monde —, mais les anges terrestres paraissent souvent plus jeunes qu'ils ne le sont en réalité. La plupart signalent que les gens sont souvent étonnés et même incrédules en apprenant leur âge réel. Une dame (un ange terrestre) raconte qu'elle avait la trentaine bien entamée lorsqu'on a enfin cessé de lui demander sa carte d'identité quand elle achetait de l'alcool. Les sages font exception à la règle. En effet, leur chevelure qui grisonne prématurément et leur visage empreint de gravité peuvent les vieillir.

— **Des problèmes personnels de dépendance ou au sein de leur famille.** Les anges terrestres ont parfois recours à des substances ou à des influences extérieures comme la drogue, l'alcool, la cigarette, les relations affectives, ou tout cela à la fois, afin d'engourdir la douleur occasionnée par le fait de se sentir différents et intimidés par leur mission de vie. « Il m'était beaucoup plus facile de faire face à la vie quand j'avais recours à la drogue et à l'alcool », m'a confié l'un d'eux. Et de poursuivre : « Je me sentais plus léger ou encore juste assez engourdi pour pouvoir oublier ce pourquoi je suis ici. Avec la drogue, j'arrivais à reléguer ma mission de vie aux oubliettes pendant un certain temps. À l'époque, j'étais surtout aux prises avec un problème de dévalorisation. »

— **Un tintement dans l'oreille.** La plupart des anges terrestres (mais pas tous) entendent un tintement aigu dans une oreille. Ce bruit peut être provoqué par le stress ou se manifester sans raison apparente. De nombreux anges terrestres en sont incommodés, mais en réalité, ce tintement contient de l'information codée provenant du royaume des anges terrestres pour les aider à s'élever au-dessus des problèmes rencontrés ici-bas. Il inclut également de l'information ou de la guidance concernant la mission des anges terrestres. Par bonheur, ces derniers peuvent mentalement demander au Ciel de réduire le volume ou d'abaisser la fréquence de ce tintement afin d'apaiser la douleur dans l'oreille.

Ce livre vous concerne, *vous!* J'espère être exaucée quand je prie pour qu'il vous aide à guérir des blessures que vous avez pu subir en raison de votre différence, de votre extrême sensibilité, de votre immense créativité, ou simplement parce que vous vivez en marge des normes, des attentes et des structures établies.

## *Comment trouver votre royaume*

Chaque chapitre décrit un ou plusieurs royaumes d'anges terrestres. Lisez-les tous afin de découvrir le vôtre. Portez attention à vos réactions physiques telles que la chair de poule, un tressaillement ou une impression de déjà vu. Si vous avez des affinités avec plusieurs royaumes (ou aucun d'entre eux), il se peut que vous proveniez d'un royaume qui n'a pas encore été découvert ou d'un métissage de deux ou de plusieurs royaumes.

Étant donné qu'à chaque royaume correspond une couleur d'yeux spécifique, ce critère peut vous aider à déterminer votre royaume. Vous pouvez également demander l'aide de vos amis qui ont l'esprit ouvert ou vous adresser à l'un de mes praticiens certifiés en *Thérapie angélique* ou *Angel Intuitive*®. Ils connaissent suffisamment bien les royaumes pour vous aider à trouver le vôtre. Certains d'entre eux donnent même des ateliers sur le sujet.

Peu importe le royaume dont vous provenez, vous êtes un enfant chéri du Créateur. Comme chacun d'entre nous, votre mission de vie est importante et je suis ravie que vous ayez choisi de vous incarner sur Terre à notre époque !

## Chapitre 2

# *Les anges incarnés*

Il faut remonter au moins aussi loin qu'à l'époque de Jésus pour trouver les premiers écrits faisant référence aux anges incarnés. En fait, c'est l'apôtre Paul qui a écrit aux Hébreux : « N'oubliez pas d'offrir l'hospitalité aux étrangers, car ce faisant, certains ont sans le savoir offert l'hospitalité à des anges. » Dans mes livres *Visions angéliques* et *Mon ange gardien*, plusieurs histoires relatent une rencontre avec un être humain qui est en fait un ange incarné.

Certains anges revêtent brièvement la forme d'un humain juste le temps d'éviter une tragédie, pour ensuite disparaître sans laisser de traces, avant même que les humains ayant bénéficié de leur intervention aient eu le temps de les remercier. D'autres, cependant, choisissent de vivre toute leur vie dans un corps humain et ils comptent probablement parmi les artisans de lumière les plus précieux qui soient.

*Lorsque vous regardez un ange*
*incarné dans les yeux,*
*vous voyez un amour pur,*
*tendre et inconditionnel.*

En général, les anges incarnés répondent aux critères suivants :

- Ils ont un visage doux, en forme de cœur.
- Ils s'excusent et disent « pardon » fréquemment.
- Ils ont l'air d'un ange (tant les hommes que les femmes).

- Leurs lèvres ont la forme de l'arc de Cupidon et leurs grands yeux de biche dégagent amour et innocence.

- Ils ont tendance à trop manger ou à prendre du poids.

- Ce sont des aidants professionnels, tels que professeur, agent de bord, infirmier ou thérapeute.

- Ils ont les cheveux clairs ou éclaircis par des mèches (peu importe leur race).

- Ils font très confiance aux gens.

- Ils ont du mal à dire non et se sentent coupables quand quelqu'un d'autre les aide.

- Ils adorent les anges et les collectionnent : statuettes, livres, bijoux, etc.

- Ils ont des anges gardiens supplémentaires.

- Ils irradient et sont entourés d'une immense aura.

- Ils tombent amoureux du potentiel de quelqu'un et tentent de guider cette personne vers la réalisation de soi.

- Ils entretiennent des liens de codépendance avec des toxicomanes ou des alcooliques.

- Ils poursuivent leurs relations beaucoup plus longtemps que ne le feraient la plupart des gens.

Comme je l'ai mentionné dans le chapitre 1, à chaque royaume correspond un certain type d'yeux. Les anges incarnés ont le regard doux, pur et innocent. De leurs yeux émane l'amour inconditionnel, un peu comme les yeux d'un faon.

On me pose souvent des questions sur les *anges réincarnés*, alors que le terme *incarnés* serait plus juste. Il se peut, en effet, qu'un ange ait vécu plus d'une vie comme être humain, mais que les derniers royaumes où il a séjourné aient été angéliques. Il arborera alors des caractéristiques qui révéleront ses véritables origines.

Les anges incarnés sont nombreux à souffrir de problèmes de santé comme la fibromyalgie, la fatigue chronique et les problèmes gynécologiques. Dans son livre intitulé *Aimez votre corps*, Louise Hay mentionne que les problèmes de santé à proprement parler « féminins » sont causés par le dénigrement de soi et le rejet de la féminité, et que les kystes et fibromes correspondent à une tentative de soigner une blessure infligée par un partenaire ou un coup porté à l'ego féminin.

Ces symptômes peuvent se retrouver tant chez l'ange masculin que féminin qui, lorsqu'il fait une nouvelle rencontre, arrive à discerner sous la surface les talents cachés, la part de divinité et le potentiel de l'être en face de lui. Les anges incarnés, comme ceux qui vivent dans le monde des esprits, ne voient que la beauté intérieure et invitent ardemment les humains à faire fructifier leurs talents naturels afin de contribuer à rendre le monde meilleur.

Les anges terrestres ont souvent des amis ou des amoureux qui masquent leur potentiel sous le couvert d'une dépendance quelconque. Ils se sentent alors chargés d'une mission ayant pour but d'aider la personne à surmonter le doute et à se concentrer sur ses forces et ses talents, ce qui, malheureusement, se termine dans la frustration tant pour l'un que pour l'autre. Les anges incarnés sont contrariés à force d'essayer de « guérir » leur partenaire et celui-ci se demande ce qu'ils ont à tant vouloir le changer. Plusieurs anges incarnés croient que, s'ils en font suffisamment pour leur partenaire et qu'ils lui donnent assez d'amour, il finira par guérir. Tout cela est très bien, dans la mesure où le partenaire en question pense qu'il a réellement besoin de guérir — et qu'il y est prêt.

J'ai constaté que mes clientes et clients qui souffraient de problèmes reliés aux seins ou à la prostate avaient également le syndrome de « ces femmes ou ces hommes qui aiment trop ». En principe, on ne peut pas donner trop d'amour, mais lorsqu'on donne de l'amour et que l'on éprouve du ressentiment à l'égard de celui ou celle qui le reçoit sans l'apprécier ou sans rendre la pareille, la colère étouffée peut se manifester par des symptômes physiques.

Nombreux sont les anges terrestres maltraités par leur partenaire et, lorsqu'ils s'accrochent aux émotions négatives générées par ces expériences, il est naturel que leur corps proteste.

### *L'énergie, le poids et la nourriture*

La susceptibilité des anges incarnés à la fatigue chronique nous renseigne sur leur nature, car tous les anges terrestres sont extrêmement sensibles à l'énergie.

Cependant, les anges incarnés le sont particulièrement aux énergies toxiques, ainsi qu'aux fuites d'énergie occasionnées par leur tendance à trop aimer. Les anges incarnés sont beaucoup plus susceptibles de travailler pour une grande entreprise que les autres types d'anges terrestres, car ils sont beaucoup plus portés vers les relations humaines.

Les anges incarnés ont intérêt à se servir de techniques leur permettant d'ériger un bouclier énergétique autour d'eux et de disperser les énergies négatives. Ces techniques sont expliquées à la section suivante. Un ange incarné non protégé est comme une personne qui irait dehors dans une tempête de neige sans mettre son manteau. Kelly, ange incarné, m'a dit que cette précaution l'aidait énormément. Voici ce qu'elle raconte : « Un de mes collègues avait l'habitude de passer devant mon bureau ou de s'arrêter pour me parler et je me sentais toujours drainée une fois qu'il était parti. J'aurais juré qu'il venait me siphonner de l'énergie. Peu après, j'ai lu que certaines personnes possèdent un champ magnétique muni de 'crochets' qui vont littéralement happer l'énergie des autres. J'ai alors compris que c'était ce qui se passait avec le collègue en question et j'ai commencé à me protéger à l'aide des techniques décrites dans le livre. Peu après, cet homme a cessé de me tourner autour. »

En prenant bien soin de leur énergie, les anges incarnés évitent de se servir de la nourriture pour augmenter leur vitalité. Bon nombre sont des mangeurs compulsifs, et ces artisans de lumière ont très souvent un surplus de poids. Voyons ce qu'en dit Yasmin, un ange incarné : « Comme je suis accro au chocolat, je goûte chaque jour à une parcelle de paradis et j'ai bien du mal à m'en passer. »

La nourriture aide les anges incarnés à s'ancrer ici-bas lorsqu'ils se sentent « partir » ; c'est aussi une façon d'évacuer le stress, surtout s'il s'agit d'un aliment croquant et salé comme le maïs soufflé et les croustilles.

Il semblerait que la cause principale du surplus de poids chez les anges incarnés ne soit pas la nourriture, mais la tendance à élever autour de soi un bouclier énergétique fait de tissu adipeux. Il leur est difficile de perdre du poids même en suivant des régimes amaigrissants draconiens ou en faisant beaucoup d'exercice. Cela est surtout vrai chez les anges incarnés qui sont massothérapeutes ou qui pratiquent le toucher thérapeutique. Ils absorbent les émotions toxiques de leurs clients, et leur corps se gonfle comme une éponge se gorge d'eau.

Les anges incarnés féminins qui arborent le plus souvent des formes généreuses, un visage d'une exquise beauté et une tignasse de lionne, ressemblent à des reines de beauté de forte taille. On leur dit souvent : « Avec un si beau visage, si seulement tu perdais du poids, tu serais ravissante ! » On n'a qu'à penser aux actrices Delta Burke et Elizabeth Taylor.

Les sujets masculins, quant à eux, sont en général bien charpentés et de type « nounours », un peu comme l'acteur John Goodman. Ou encore, ils arborent un visage de petit garçon d'où émane une grande douceur. L'acteur John Dye (qui jouait Andrew dans l'émission de télévision *Les anges du bonheur*) illustre bien ce type d'ange.

## *Comment ériger un bouclier*

Avant de sortir sous la pluie, vous enfilez votre imperméable, n'est-ce pas ? Alors, il en va de même chaque fois que vous vous apprêtez à aider quelqu'un : vous devez enfiler votre « manteau énergétique ». Quand vous ouvrez votre cœur en présence de quelqu'un, vous risquez de recevoir un résidu d'énergie de peur projeté par l'autre dans votre direction. Vous ne devez pas pour autant refuser d'aider la personne, mais c'est un peu comme de se retrouver devant quelqu'un qui a passé beaucoup de temps sous la pluie : il sera peut-être couvert de boue et ça ne va pas aider personne si toute cette boue se retrouve soudainement sur vous. Autrement dit, lorsque vous aidez quelqu'un à faire le ménage dans ses pensées et ses émotions, les toxines qui s'échappent de cette personne risquent d'éclabousser ce qui se trouve autour — y compris vous.

Parmi les anges terrestres, ce sont vous, les anges incarnés, qui avez le plus tendance à avoir le cœur qui saigne et qui devriez retenir les techniques visant à vous protéger par un bouclier énergétique avant de faire du travail de guérison. Sinon, vous accumulerez du poids en guise de gaine protectrice ou isolante. Ce surplus de poids ne proviendra pas nécessairement des aliments. D'ailleurs, comme vous le constaterez, votre poids ne changera pas sous l'effet d'un régime amaigrissant ou d'exercices visant à faire maigrir. Vous pouvez cependant remplacer ce rembourrage par une couche d'énergie protectrice, c'est-à-dire un *bouclier.*

Il suffit de très peu de temps pour se constituer un bouclier énergétique. En principe, il est bon de faire cela préalablement à n'importe quelle session de relation d'aide, rémunérée ou non. Peu importe si la personne que vous aidez est un ami, un membre de la famille, un étranger ou un client. Et peu importe la durée de l'aide fournie. Que ce soit pour une minute ou plusieurs jours, il vous faut d'abord ériger un bouclier autour de vous.

S'il vous arrive d'oublier de l'ériger *avant* le début de la séance, vous pouvez quand même le faire *pendant* la séance. Il n'est jamais trop tard pour vous munir de votre bouclier, mais vous aurez probablement déjà absorbé des débris psychiques et il vous faudra procéder à un *nettoyage* à la fin de la séance (le processus est décrit dans la section suivante).

Pour vous protéger à l'aide d'un bouclier de lumière et d'énergie, il suffit d'en avoir l'intention : c'est tout ! Vous ne pouvez ni vous tromper ni vous voir refuser l'accès au bouclier de lumière ou d'énergie. Quiconque porte en lui cette intention reçoit immédiatement ce qu'il demande, sans exception.

S'envelopper d'un bouclier consiste à s'imaginer ou à se sentir entouré d'un cocon de lumière, ou encore à tout simplement y penser. La lumière est l'essence des anges ; c'est une entité vivante, aimante et intelligente que vous appelez auprès de vous pour vous entourer et vous protéger. Ne craignez rien : elle prend toujours sa source dans la Lumière divine de notre Créateur. Les forces dites « obscures » n'ont pas accès à cette lumière (de toute façon, elles ne voudraient pas la partager, même si elles le pouvaient). Vous ne risquez donc pas de faire appel à des énergies inférieures lorsque vous vous entourez d'un bouclier protecteur.

On peut s'entourer d'un bouclier de différentes couleurs, selon notre intention. Là encore, sachez que votre intention de vous entourer de lumière ne vous sera pas refusée. Quicònque en fait la demande se voit accorder ce qu'il veut, sans exception (même si l'ego essaie de vous convaincre du contraire, surtout n'écoutez pas cette voix !) Voici les couleurs dont vous pouvez vous entourer et la signification de chacune :

— **La lumière blanche :** Cette lumière invite les anges à vous entourer sans interruption. Ces derniers vous protègent et s'assurent que vous êtes en sécurité.

— **La lumière rose :** C'est la lumière que vous évoquerez en présence d'une personne négative obsédée par ses problèmes. La lumière rose a un double effet simultané : pendant que l'énergie d'amour qu'elle dégage est projetée à l'extérieur vers la personne qui vous parle, elle pénètre aussi à l'intérieur de vous. Rien ne peut franchir ce bouclier rose, sauf les pensées et les énergies d'amour.

— **La lumière vert émeraude :** Imaginez-vous entouré d'une lumière émeraude lorsque vous souhaitez guérir un quelconque déséquilibre dans votre corps. Cette lumière dégage une énergie thérapeutique.

— **La lumière violette :** Imaginez-vous drapé d'une lumière royale violette qui hausse votre fréquence spirituelle, vous permettant de vous élever au-dessus de vos problèmes et d'entrer en contact avec le plus haut niveau de guidance divine. La lumière violette réfracte également toute énergie ou entité inférieure et tout esprit attaché à la terre.

— **La lumière arc-en-ciel :** Imaginez-vous vêtu d'un manteau arc-en-ciel, de manière à amplifier votre pouvoir de guérison tant sur vous-même que sur les autres.

Il est possible, si on le souhaite, de s'envelopper de plusieurs couches de lumière multicolore afin d'invoquer tous les bienfaits que procure chacune des couleurs. Vous pouvez, par exemple, visualiser trois couches de lumière en commençant par une blanche, évoquant l'énergie des anges, suivie d'une vert émeraude, pour la guérison, puis d'une violette, pour élever votre conscience jusqu'au sommet de la vérité.

Vous pouvez également envelopper d'un bouclier protecteur vos proches, votre maison, votre voiture, votre ville, votre pays et même le monde. Procédez comme vous le faites pour vous-même : enveloppez ces gens, objets, endroits ou régions d'une lumière de guérison.

### *Le nettoyage énergétique*

Si vous oubliez de vous protéger à l'aide d'un bouclier de lumière, vous devrez nettoyer régulièrement l'énergie, de manière à dissiper les effets de la peur provenant de vos propres pensées ou de celles des autres. Le principal effet de l'absorption d'énergies inférieures est la fatigue, une fatigue que l'on ne réussit pas à dissiper par de la caféine, une sieste ou de l'exercice. Elle se fait sentir profondément et s'installe de façon chronique, car elle provient de sources étrangères à votre propre corps. Cependant, ne vous en faites pas : la cause d'une telle fatigue et la fatigue elle-même sont faciles à éliminer.

Après chaque séance de formation ou de guérison, ou chaque fois que vous vous sentez fatigué, ayez recours à des techniques de guérison énergétique. Vos anges et vos guides vous enseigneront peut-être des méthodes spécialement adaptées pour vous, mais vous pouvez aussi puiser à même mes préférées :

— **Coupez les cordons** : Il s'agit d'une étape essentielle pour tous les formateurs et les guérisseurs. Tous vos étudiants et vos clients installent des cordons éthériques entre eux et vous lorsqu'ils croient avoir besoin de quelque chose de votre part. Et à l'issue de la séance, ils vous soutirent de l'énergie. Ils risquent également de vous envoyer de l'énergie toxique, tout cela bien sûr inconsciemment, mais les cordons sont tout à fait visibles par les clairvoyants et palpables par les clairsentients.

Pour couper les cordons, il vous suffit de dire tout haut ou dans votre tête :

*Archange Michael, de grâce*
*viens à moi maintenant et coupe*
*les cordons de la peur qui drainent*
*mon énergie et ma vitalité.*

Si vous êtes réellement prêt à couper ces cordons, l'archange Michael le fera à l'instant même. Si vous avez l'impression de vous y accrocher parce que vous avez besoin de sentir qu'on a besoin de vous, demandez à l'archange Michael de vous dégager des peurs qui se cachent derrière ce désir. (N'oubliez pas que les archanges sont capables d'aller simultanément vers toutes les personnes qui font appel à eux, sans restriction de temps ni d'espace.)

— **Prendre un bain de sel de mer :** Si vous n'avez pas accès à l'océan pour y nager, prenez un bain d'eau tiède à laquelle vous aurez ajouté du sel de mer, que vous pouvez vous procurer dans un magasin de produits naturels ou dans un spa. Le sel pur retire les énergies toxiques par les pores. Surtout, assurez-vous que votre sel est libre de tout colorant ou parfum synthétique afin de ne pas introduire d'autres produits toxiques dans votre corps par inadvertance.

— **Se connecter à la nature :** les plantes et les animaux offrent un répit nécessaire à toute personne exposée à l'électricité artificielle, aux fréquences électromagnétiques, aux sonneries du téléphone et aux pressions exercées par les gens de l'entourage. Aussi, les plantes extraient l'énergie toxique qui encrasse nos corps mental, émotionnel et physique. Lorsque vous êtes fatigué, allez marcher dehors. De plus, placez une plante d'appartement à proximité de votre lit afin que, pendant la nuit, la plante et ses fées nettoient vos énergies tandis que vous dormez.

### *Les anges et l'affirmation de soi*

Les anges incarnés naissent dans le but d'aider et de guérir ; ils sont prêts à accomplir leur mission dès qu'ils arrivent sur Terre. Toutefois, ce grand désir d'aider peut amener certaines difficultés s'il n'est pas équilibré.

Les anges incarnés sont si optimistes et aiment tellement la race humaine qu'il leur est souvent très difficile de dire non. Un cours individuel ou de groupe en techniques d'affirmation de soi, ou encore la lecture d'un livre ou l'écoute d'une cassette portant sur le sujet pourrait se révéler nécessaire. Les anges incarnés se refusent souvent des choses, alors qu'ils disent oui à quiconque.

De plus, ils sont portés à s'excuser lorsqu'ils demandent de l'aide ; ou alors ils sont carrément incapables de déléguer, puis s'indignent du fait que personne ne les aide et qu'ils doivent tout faire seuls. À la longue, ils risquent de souffrir du complexe de la victime et du bourreau : ils ont l'impression que tout le monde les exploite sans se rendre compte qu'ils sont eux-mêmes à l'origine de cette situation. Certains anges incarnés se sentent coupables de demander de l'aide, même à leur propre ange gardien, de peur de « déranger ». Cette peur vient parfois du fait que, pendant des années, on les a taquinés ou traités de tous les noms. Les anges incarnés sont persuadés que quelque chose ne tourne pas rond chez eux. Alors, ils ne croient pas mériter qu'on les aide. Ils risquent d'en arriver à pratiquer l'auto-sabotage et à repousser les occasions intéressantes qui se présentent à eux.

Pour guérir d'une telle attitude, il faut revoir tout ce qui se rapporte au mot « recevoir ». Ces anges incarnés doivent comprendre qu'ils seront en mesure de donner et d'aider davantage s'ils se permettent d'abord de recevoir eux-mêmes. S'ils se sentent appelés par le travail de guérison, par exemple, ils auront peut-être besoin d'un centre thérapeutique, d'argent pour annoncer leurs services, d'un ordinateur ou de tout autre équipement. Ils auront peut-être également besoin d'argent pour pouvoir quitter leur emploi et ainsi se consacrer à leurs activités de guérison.

À ce sujet, il existe de nombreux anges terrestres, y compris des anges incarnés, qui ont des scrupules à accepter de l'argent pour les services thérapeutiques qu'ils dispensent. Cela risque d'être un obstacle pour les anges incarnés qui voudraient quitter un emploi sans intérêt, mais dont ils dépendent financièrement.

En acceptant de l'argent contre leurs séances thérapeutiques ou d'orientation spirituelle, ils pourraient se permettre de quitter leur travail et d'exercer à temps plein leurs dons de guérisseur et d'enseignant.

Le transfert d'énergie entre un guérisseur et son client ou son étudiant est très important. En fait, le client ou l'étudiant doit donner quelque chose en retour. Ce peut être de l'argent, de la nourriture, des services ou un don à l'organisme de bienfaisance préféré du guérisseur ou de l'enseignant. Lorsqu'un ange incarné dispense des services thérapeutiques ou d'enseignement, il doit du même coup inviter la personne qui reçoit à donner quelque chose en retour : les deux sont indissociables.

De nombreux anges incarnés souffrent d'un déséquilibre entre donner et recevoir. La loi du « donner versus recevoir » stipule que quiconque donne reçoit automatiquement. C'est le fondement de l'Univers qui assure la libre circulation des énergies. Et pour tout dire, les anges incarnés passent le plus clair de leur temps à donner. La plupart, en effet, exercent un métier où ils aident les autres. Ils sont thérapeutes ou travaillent dans le domaine de la santé, de l'éducation ou des voyages. Ils sont toutefois portés à bloquer ce qui vient vers eux et s'empêchent de recevoir par des actes d'auto-sabotage, de renoncement et de gaspillage.

L'énergie féminine est une énergie de réception et, lorsqu'un ange incarné femelle donne trop, elle risque de souffrir d'un déséquilibre énergétique occasionné par un trop-plein d'énergie masculine. Il en va de même pour les anges incarnés mâles. Lorsqu'un ange incarné, homme ou femme, donne trop sans prendre le temps de refaire ses forces, il risque de souffrir de fatigue.

Les affirmations suivantes servent à guérir ce déséquilibre : « J'accepte volontiers de recevoir des bonnes choses » et « Plus je me permets de recevoir, mieux je peux aider les autres ». Si les anges incarnés se répétaient ces affirmations régulièrement, et qu'ils prenaient l'habitude d'être aux petits soins avec eux-mêmes, ils seraient plus aptes à recevoir d'une multitude de façons, y compris l'aide nécessaire pour réaliser leur mission de vie. Les anges incarnés, qui adoptent une attitude saine, savent qu'ils peuvent contribuer à la réalisation du plan de paix de Dieu s'ils travaillent en équipe pour recevoir et donner de l'aide.

Les anges incarnés obéissent volontiers aux règles ; je dirais même qu'ils craignent de les enfreindre. Ce sont des travailleurs acharnés qui risquent de glisser dans le perfectionnisme. En fait, les formulaires de sondage renvoyés par les anges incarnés aux fins du présent livre étaient admirablement clairs et soignés, comparativement à ceux qui ont été soumis par les personnes appartenant aux autres royaumes. Cela rend les anges incarnés particulièrement aptes à occuper des postes dans un établissement d'enseignement ou autre. Plusieurs d'entre eux travaillent en milieu hospitalier, dans l'enseignement ou pour des compagnies aériennes. Les femmes sont nombreuses à occuper des postes d'infirmière, d'enseignante et d'agente de bord, ou tout autre emploi nécessitant un grand cœur et une sainte patience. J'ai toujours pensé que l'emploi d'agent de bord était particulièrement indiqué pour les anges incarnés, étant donné que le vol est l'expertise des anges !

### *La vie personnelle des anges incarnés*

Les anges incarnés ont un beau physique et un grand cœur, ce qui leur permet de s'attirer facilement des amis et des amoureux. Il leur est par contre plus difficile d'avoir des rapports satisfaisants avec eux. Voyez-vous, les anges incarnés ont tendance à percevoir leurs amis et leurs amoureux comme d'éventuels clients à éduquer et à aider. Lorsqu'ils nouent de nouveaux liens, ils se demandent invariablement : « Comment puis-je aider cette personne ? »

Comme je l'ai mentionné précédemment, les anges incarnés ont tendance à tomber amoureux de personnes dépendantes qu'ils essaient par la suite de réhabiliter. En amitié, ils jouent souvent le rôle de conseiller. Parfois, ils écoutent un ami parler de ses problèmes pendant des heures, et au moment où ils commencent à se confier à leur tour, l'ami met soudainement fin à la conversation. C'est là un autre exemple de déséquilibre entre donner et recevoir dans la vie d'un ange incarné. Qui est là pour les écouter, *eux*?

Comme je l'ai mentionné précédemment, les anges incarnés sont parfois « dépêchés » dans une famille dysfonctionnelle en qualité d'anges gardiens. Ils se sentent alors complètement déconnectés de leur famille biologique et ont tendance à se demander s'ils ont été adoptés. En fait, ils n'ont rien en commun avec les membres de leur famille, ce qui s'explique par le fait qu'il ne s'agit pas de leur vraie famille. Leurs proches sont en fait des âmes étrangères que l'ange incarné a accepté d'aider en s'incarnant dans un corps humain et en vivant parmi elles.

La capacité qu'ont les anges incarnés de discerner le potentiel et la richesse qui se cachent chez les autres les amène à rester longtemps dans des relations malsaines, bien plus longtemps que ne le feraient la moyenne des gens.

Voici ce que Pamela nous a confié : « J'attire des hommes au cœur blessé qui ont vraiment besoin de guérir. J'espère tout le temps qu'ils vont guérir et que mon amour va les transformer, mais cela ne se produit pas. Il m'est ensuite très difficile de rompre et il me faut beaucoup de temps pour apaiser la douleur de la séparation. »

Les anges incarnés sont portés à s'engager rapidement. Il arrive même qu'au bout d'une seule rencontre ils décident de fréquenter la personne régulièrement, de se fiancer et même de se marier ou d'emménager avec elle. Élizabeth raconte : « Je ne peux m'empêcher de prendre mes relations avec les hommes au sérieux dès la première rencontre, même si certaines choses chez eux me déplaisent d'emblée. J'ai du mal à m'en tenir à des fréquentations informelles. »

Étant donné que les anges incarnés sont portés à se jeter aveuglément dans le mariage, parfois même à un âge très tendre, ils risquent de collectionner les partenaires et les échecs qui s'ensuivent. Parmi les anges incarnés qui ont répondu au questionnaire pour les besoins du présent ouvrage, plusieurs en étaient à leur troisième et même quatrième mariage. Ils changeaient de femme ou de mari en moyenne tous les dix ans. Une fois de plus, qui illustre mieux cette tendance qu'Elizabeth Taylor ?

De nombreux anges incarnés ont de la difficulté à mettre fin à des relations malsaines avec des partenaires amoureux, des amis ou des membres de leur famille qui les maltraitent. Comme le joueur compulsif qui pense de fois en fois qu'il va gagner, l'ange incarné est persuadé que, s'il persiste, il sera récompensé de ses efforts. Les anges incarnés obéissent à la règle d'or voulant qu'on n'abandonne jamais personne, car ils craignent eux-mêmes plus que tout d'être abandonnés. De plus, ils ont beaucoup de mal à exprimer leurs besoins et leurs émotions. Ils souffrent donc en silence et se punissent eux-mêmes d'être malheureux. Puis, vient un jour où ils n'en peuvent plus et finissent par quitter l'autre ou par tout faire pour qu'il s'en aille.

L'ange incarné entretient souvent des rapports amicaux et amoureux malsains et déséquilibrés. Comme on le sait, en amitié, c'est généralement donnant-donnant, mais pour l'ange incarné ces relations sont trop souvent à sens unique, c'est-à-dire toujours donner et ne jamais rien recevoir. Dans toutes ses relations, quelles qu'elles soient, l'ange incarné est celui qui se montre fort, et les « amis » ont droit à autant de séances thérapeutiques ou de lectures psychiques gratuites qu'ils le désirent.

Vient un temps où l'ange incarné se sent vidé par ce genre de relations à sens unique. Il se rend compte que ses « amis » ne s'intéressent à lui que pour l'aide qu'il leur apporte. Il arrive qu'il se sente pris dans un bourbier de culpabilité, comme s'il abandonnait ceux qui ont besoin de lui. Aussi, la « loi d'attraction » (qui se ressemble s'assemble) fait en sorte qu'il cesse de s'intéresser à ceux qui ne partagent pas ses croyances.

L'ange incarné a intérêt à chercher du soutien, surtout auprès d'anges susceptibles de le comprendre. Les groupes d'entraide basés sur les Douze étapes, comme Al-Anon et Codépendants anonymes, sont de merveilleuses sources de soutien pour l'ange incarné qui veut assainir ses relations avec les autres. En outre, les groupes qui étudient la théorie du livre *Un cours en miracles* constituent d'excellents milieux thérapeutiques pour quiconque souffre de culpabilité. On trouve des anges incarnés partout où il est question d'anges : séminaires, boutiques ou groupes de recherche en angéologie.

Toute relation est une « mission » qui donne à chaque partenaire l'occasion d'apprendre et d'évoluer. Il n'y a pas de victime dans les relations, nous les choisissons toutes — si on ne le fait pas consciemment, c'est notre âme qui le fait.

Voici le commentaire de Nicole, un ange incarné : « Je me suis engagée à quatre reprises dans une relation intime, chaque fois avec un toxicomane qui me trompait, souffrait de carences affectives et me faisait souffrir à mon tour. Mes amis et ma famille me voyaient comme une victime, mais moi seule savais ce qu'il y avait dans l'âme de ces hommes. Je savais que je contribuais en quelque sorte à élever leurs vibrations.

Ma dernière relation fut la plus douloureuse de toutes. Un jour, alors que je regardais par la fenêtre et que je confiais à Dieu que je n'en pouvais plus d'être avec cet homme, j'ai entendu les anges me dire : 'Nous savons que c'est douloureux, mais s'il te plaît, reste encore un peu.' Je me suis sentie immergée d'amour, et j'ai eu le courage de finir mon travail auprès de cet homme. À l'heure actuelle, mon compagnon est un homme bon, une âme sœur qui chemine comme moi dans la spiritualité. Il sait que je suis un ange terrestre et il m'aime exactement comme je suis. »

## *Déploie tes ailes et prend ton envol!*

Lorsqu'un ange incarné vous regarde, ses yeux paraissent souvent s'agrandir, tant ils sont remplis d'amour et de compassion. On y voit la trace de la douleur, mais c'est avant tout l'amour divin qui s'y lit. Les anges incarnés distinguent en chacun le potentiel recelé, invisible à la surface. Chez l'élémental incarné, par contre, le regard est empreint de la plus pure espièglerie; alors que les sages ont le regard lointain et envoûtant de ceux qui ont appris à la dure.

Les anges incarnés ont le physique classique des anges peints par les grands artistes. Hommes ou femmes, ils ressemblent à un ange. Doux de caractère, on les appelle souvent « mon ange » sans se douter à quel point ce sobriquet leur convient. Pamela me confiait ceci : « Il m'est arrivé souvent de me faire dire : 'Tu ressembles vraiment à un ange' ou encore 'tu as un air tellement angélique'. La plupart du temps, ces personnes n'ont aucune idée du travail que je fais et ne soupçonnent même pas que j'affectionne tout particulièrement les anges. » Plusieurs clairvoyants ont dit avoir vu des anges incarnés enveloppés d'une lumière blanche, avec de larges ailes aux omoplates.

Comme c'est le cas pour les autres anges terrestres, il est important que les anges incarnés brillent de tout leur éclat, même s'ils ont peur du ridicule ou du rejet. Un ange incarné m'a déjà confié ceci : « Il m'arrive d'avoir envie de replier mes ailes et de cacher ma véritable identité. Dans ces moments-là, j'ai tendance à ne pas faire mon travail de guérison et à rater les échéances qui me permettraient d'annoncer mes services. »

Et pourtant, rien n'égale la beauté d'un ange incarné qui déploie ses ailes et qui prend son envol. Lorsque Judi, ange incarné, a compris l'importance de remettre toutes ses peurs entre les mains de ses anges gardiens, voici comment elle s'est sentie : « Je sais enfin que je suis sur la bonne voie. Maintenant que j'ai lâché prise et choisi de mettre ma vie au service des anges, mes plus chers désirs se réalisent. On ne pourra jamais m'enlever ça. Jamais je ne me suis sentie aussi sûre de mon but et de mon cheminement, et je n'en ai tiré autant de satisfaction. Après tant d'années à lutter, j'ai maintenant l'impression de flotter constamment sur un nuage ! »

## *Emplois adaptés au cheminement des anges incarnés*

Il n'est pas rare que les anges incarnés se sentent attirés par une profession où ils viennent en aide aux autres. Ils excellent comme guérisseurs et thérapeutes (traditionnels ou non), enseignants et intervenants dans le secteur des voyages. La plupart des anges incarnés préfèrent intervenir auprès d'une seule personne à la fois. Ils n'aiment pas particulièrement parler devant des groupes. Ils se débrouillent très bien dans de grandes entreprises, dans la mesure où l'éthique de travail de la direction revêt un caractère humanitaire. Les anges incarnés ne peuvent souffrir de travailler pour un patron ou une société qui pèche par manque d'éthique.

## *Conseils pratiques à l'intention des anges incarnés*

Si vous êtes un ange incarné, vous connaîtrez davantage de paix et de prospérité sur Terre en faisant ceci :

— **Protégez-vous avec un bouclier d'énergie et de lumière, surtout avant d'aider quelqu'un.** Vous ressentirez moins le besoin de manger pour vous envelopper d'une couche protectrice de tissu adipeux.

— **Attendez avant de dire oui.** Avant d'acquiescer chaque fois qu'on sollicite votre aide, prenez le temps de méditer et de vous demander si c'est quelque chose qui fait réellement partie de votre mission ou que vous avez vraiment envie de faire. Lorsqu'on vous demande quelque chose, répondez : « Laissez-moi y penser » ou encore « Je vais te répondre plus tard ». Votre interlocuteur respectera le fait que vous prenez soin de vous.

— **Remplacez votre habitude de vous excuser par des affirmations positives.** Les anges ont l'habitude de s'excuser même lorsqu'ils n'ont rien fait de mal. C'est une habitude qui découle de leur désir de rendre tout le monde heureux, même s'ils doivent pour cela endosser le blâme.

Pour accroître le cœfficient de bonheur des autres, ainsi que le vôtre, utilisez plutôt un vocabulaire positif. Prenez l'habitude de parler de vous-même, des autres et de ce qui se passe en des termes qui remontent le moral.

— **Faites de l'exercice aérobique.** Cela aide les anges incarnés à mieux gérer leur stress et leur poids, en plus de contribuer à la santé de leur cœur.

— **Équilibrez votre rapport donner vs recevoir.** Surtout, n'oubliez pas de *vous* faire plaisir régulièrement.

— **Libérez-vous de toute règle susceptible de nuire à votre mission.** Essayez de voir si vous vous êtes inventé des règles du genre : « Je ne dois pas avoir trop de succès, sinon les autres risquent de m'envier et d'en être malheureux. » Si c'est le cas, demandez-vous si ces règles contribuent ou nuisent à l'accomplissement de votre mission de vie, et vous saurez quoi faire.

— **Déléguez.** Demandez de l'aide sans vous excuser.

— **Sachez recevoir avec grâce.** Permettez aux gens de vous aider, de vous offrir des cadeaux et de vous faire des compliments.

— **Jouez.** Permettez à l'enfant en vous de faire le pitre, de savourer la liberté et d'être créatif.

CHAPITRE 3

# *Les élémentaux incarnés*

CE GROUPE EST L'UN DES PLUS FACILES À IDENTIFIER parmi les royaumes. De même que les anges incarnés ressemblent à des anges, les élémentaux incarnés ressemblent physiquement aux êtres qui composent cette catégorie — c'est-à-dire les fées, elfes, lutins, gnomes, animaux incarnés et licornes. En plus d'être protégés par un ange gardien, comme nous tous, les élémentaux ont des fées qui veillent sur eux.

Les élémentaux ont bien souvent les cheveux qui tirent sur le roux (soit carrément roux, auburn ou blond vénitien), ainsi que des traits qui rappellent leur héritage celtique, comme un teint rougeaud ou des taches de rousseur.

## *Ange ou élémental ?*

Peut-être vous êtes-vous reconnu dans la description que j'ai faite des anges incarnés au chapitre précédent et vous reconnaissez-vous également dans celle des élémentaux. Si c'est le cas, vos réponses aux cinq questions suivantes devraient vous apporter des éclaircissements :

1. **Quelle est mon attitude face aux règlements ?** Si vous êtes un ange incarné, il y a fort à parier que vous obéissez aux règlements et que vous vous mettez en colère contre ceux qui les enfreignent. Si, par contre, vous êtes un élémental, vous ne pouvez pas souffrir les règlements et considérez ceux qui y obéissent comme des poules mouillées.

2. **Ai-je une lueur d'espièglerie dans les yeux ?** Les élémentaux aiment avoir du plaisir. Ils

ont souvent envie de jouer des tours et ont toujours le mot pour rire ; alors que les anges incarnés ont tendance à être sérieux et polis. Si vous n'êtes pas encore certain de votre appartenance, demandez à un ami si vous avez une lueur d'espièglerie dans les yeux. Si oui, vous ne pouvez être qu'un élémental. (Si vous êtes tantôt « vilain », tantôt « sage », vous êtes peut-être un ange de la mer, c'est-à-dire un hybride appartenant à la fois au royaume des élémentaux et à celui des anges, comme expliqué au chapitre 6.)

*Lorsque vous regardez un élémental incarné dans les yeux, vous y voyez une lueur d'espièglerie ou l'envie de jouer.*

3. **Comment sont mes ailes?** Les anges ont des ailes en plumes, alors que les élémentaux ont souvent des ailes de papillon ou de libellule. Ce sont des ailes éthériques et non pas physiques.

Pour savoir quel genre d'ailes vous avez, vous pouvez consulter un clairvoyant ou aller voir vous-même à l'intérieur de vous. Concentrez-vous sur vos omoplates et essayez de sentir ou de percevoir dans votre tête la forme de vos ailes : sont-elles grandes un peu comme celles d'un cygne, ou vibrent-elles comme les magnifiques ailes des papillons et des libellules ?

Votre silhouette vous donnera aussi des indices. Les élémentaux sont élancés, leur métabolisme est rapide et leur système nerveux, sensible. Les anges incarnés, pour leur part, ont des courbes généreuses, un métabolisme lent et un tempérament doux. Le peuple de la mer y fait cependant exception. Ce sont des hybrides aux courbes généreuses, à la fois anges et élémentaux, comme expliqué au chapitre 6.

4. **Quel est mon rapport à la dépendance ?** La plupart des anges incarnés sont codépendants, alors que les élémentaux, eux, ont des problèmes de dépendance. Les élémentaux adorent fêter ; les anges adorent venir à leur secours ! Seule exception à la règle : de nombreux anges incarnés ont une dépendance à la nourriture.

5. **Quel est la nature de mon caractère ?** Les élémentaux ont tendance à être fougueux et passionnés, alors que les anges incarnés sont calmes et patients (du moins en ont-ils l'air).

### *Autres caractéristiques distinctives*

Certains élémentaux incarnés se demandent parfois s'ils n'appartiennent pas au royaume des sages. Or, à une époque très reculée, ils ont fréquenté les sorciers, sorcières et magiciens. Les sages se sentent eux aussi très proches des élémentaux incarnés. N'oublions pas que, lorsque les sorcières ont été brûlées, les élémentaux étaient présents ; c'est pourquoi certains ressentent encore aujourd'hui une douleur résiduelle qui remonte à cette époque, même si ce ne sont pas eux qui ont été brûlés. Ils peuvent, par exemple, se souvenir des mises à mort sur le bûcher et penser, à tort, que ça leur est arrivé à eux. Il y a cependant une grande différence entre les deux royaumes : les élémentaux sont très enjoués, alors que les sages sont extrêmement sérieux, et même sombres et sévères.

Les élémentaux incarnés se retrouvent parfois dans de mauvais draps à cause de leur sens de l'humour farfelu. Leurs blagues et leurs mauvais tours ne sont pas toujours bien reçus : peut-être le moment est-il mal choisi, peut-être encore leurs propos sont-ils offensants, osés ou tout bonnement inappropriés. Il faut comprendre que les élémentaux incarnés ont, entre autres missions, celle d'introduire de la légèreté dans le monde en faisant sourire et rire les gens — même à leurs propres dépens.

Au royaume spirituel des élémentaux, les fées, les elfes et les autres créatures font la fête toutes les nuits. Ils dansent, chantent, racontent des histoires et rient beaucoup. Ils connaissent la valeur spirituelle du jeu et de la joie ! Il n'est pas surprenant, dans ce cas, que leurs vis-à-vis humains sachent également s'amuser. Les élémentaux incarnés deviennent souvent des professionnels du monde du divertissement. Ce sont des comiques, des acteurs, des danseurs et des musiciens. On n'a qu'à penser aux comiques Carol Burnett, Ellen DeGeneres, Eddie Murphy, Robin Williams et Red Skelton ; à l'actrice Julia Roberts et à la mondaine Paris Hilton.

## *Les problèmes relationnels des élémentaux incarnés*

Les élémentaux étaient fatigués des assauts répétés des humains contre la nature, les animaux et l'environnement, mais leur petite taille et leur appartenance au monde spirituel les empêchaient de changer le cours des choses. Ils ont donc choisi de s'incarner dans une forme humaine afin d'être plus aptes à agir et à prendre des décisions en vue de purifier l'air, l'eau, le sol de la Terre et d'aider les animaux.

À vrai dire, les élémentaux préfèrent la compagnie des animaux et des plantes à celle des humains. Ils ressentent une profonde colère contre la race humaine à cause des dommages qu'elle a infligés à la Terre. On dit des élémentaux que ce sont de vilains farceurs, mais leur méchanceté ne vise que les humains qui ne respectent pas l'environnement. En revanche, ils adorent aider ceux qui recyclent, utilisent des produits nettoyants doux pour l'environnement, traitent les animaux avec bonté et respectent Mère Nature. N'ayant aucun respect pour les humains qui gaspillent, les élémentaux leur jouent parfois des tours de nature passive-agressive.

En amour, les élémentaux incarnés attirent des partenaires qui apprécient leurs talents pour la comédie, la musique ou toute autre forme d'art. Une fois la relation en cours, cependant, leur partenaire peut les accuser de se comporter en enfants gâtés, d'être immatures, de ne pas vouloir s'engager ou d'être têtus. Ils possèdent les mêmes traits de personnalité que les elfes, les fées, les gnomes et autres créatures semblables. Au royaume spirituel des élémentaux, ces créatures ont souvent des mœurs légères et elles adorent flirter, deux comportements fréquents chez les élémentaux incarnés.

Les élémentaux apprécient beaucoup moins la compagnie des gens que les anges incarnés. Ils aiment se retrouver en société pour faire la fête, mais lorsque tout est terminé, ils veulent qu'on les laisse seuls. En outre, ils sont portés à faire usage de substances nocives et à souffrir de dépendances. En gros, on peut dire que si les anges incarnés *épousent* des dépendants, les élémentaux incarnés, eux, *sont* dépendants.

De nombreux élémentaux incarnés se retrouvent dans des professions où l'on vient en aide aux autres parce qu'ils répondent à un « appel ». Tout comme Frodon le Hobbit dans *Le seigneur des anneaux*, les élémentaux incarnés sont des héros malgré eux, des héros qui aident les autres parce qu'ils *doivent* le faire, pas nécessairement parce qu'ils le *veulent*.

Ils ont besoin d'un grand espace pour y passer du temps en solitaire, c'est pourquoi ils adorent la nature. Certains sont timides et introvertis, alors qu'en société c'est tout le contraire. Ils semblent parler très ouvertement de leur vie privée, mais ne révèlent leurs secrets les plus intimes qu'à ceux en qui ils ont une confiance absolue — et ils sont rarissimes. Ils sont du genre à ne pas se gêner pour rayer à tout jamais de leur carnet d'adresses le nom de quelqu'un qu'ils ne veulent plus revoir. Autrement dit, lorsqu'un élémental incarné décide de mettre fin à une relation, c'est *bel et bien* terminé.

Les élémentaux incarnés ont appris à se faire comprendre lorsqu'ils ne veulent pas être dérangés. Le témoignage d'Evie nous en dit long sur l'attitude de beaucoup d'élémentaux : « Il fut un temps où des étrangers venaient me raconter leurs problèmes, mais j'ai appris au fil des ans à me refermer un peu, car j'avais trop de difficulté à porter le fardeau des autres. »

Lorsque les élémentaux incarnés se sentent à l'aise, ce sont de véritables clowns, surtout en compagnie d'autres élémentaux qui aiment avoir du plaisir. Dans une famille dysfonctionnelle, ils jouent parfois le rôle de « mascotte ». Ils sont là pour alléger le climat familial et aider les autres membres de la famille à s'aimer davantage. Et pourtant, ils sont également sensibles à la critique et, lorsqu'ils ne se sentent pas « en sécurité » socialement, ils ont tendance à se replier sur eux-mêmes, à être timides et même à s'isoler. Il arrive souvent qu'ils se tournent vers l'alcool ou la drogue pour se sentir plus à l'aise en société.

Comparativement à d'autres catégories d'anges terrestres, les élémentaux incarnés ont un physique robuste. Ils ont très peu de problèmes de santé, peut-être parce qu'ils passent plus de temps que la moyenne à l'extérieur pour pratiquer la randonnée et d'autres activités de plein air ; à moins que ce ne soit leur optimisme légendaire qui les porte à minimiser et même à nier leurs ennuis de santé. Il ressort cependant du sondage auprès d'élémentaux incarnés que la dépression est très fréquente dans ce groupe et, dans une moindre mesure, l'asthme infantile. Cela corrobore nos informations selon lesquelles les fées sont sensibles aux produits chimiques en suspension dans l'air et doivent éviter les pesticides dans leur jardin et leur nourriture. L'asthme pourrait aussi être causé par la claustrophobie, elle-même engendrée par un trop grand nombre d'heures passées à l'intérieur. Comme on le sait, l'âme des élémentaux a besoin d'une bonne dose d'air frais pour rester en santé.

## *Matérialisation et magie*

Dans le monde spirituel, les élémentaux matérialisent tout ce dont ils ont besoin. C'est pourquoi ils exécutent toutes leurs tâches, comme de s'occuper des plantes, avec une joie ludique. Les élémentaux savent qu'il n'est pas nécessaire de travailler fort pour produire des résultats significatifs, et que l'intention et la sincérité sont plus importantes.

Comme les élémentaux incarnés se tirent régulièrement d'affaire sans s'esquinter, on les perçoit souvent comme des fainéants qui préfèrent bavarder plutôt que de travailler. Sur le plan inconscient, ils se souviennent d'un royaume où ils pouvaient faire apparaître tout ce dont ils avaient besoin sur le plan matériel (nourriture, vêtements, or, logement, etc.).

Par conséquent, de nombreux élémentaux incarnés sont mal adaptés au monde du travail des êtres humains et ils créent de la pauvreté dans leur vie. Ceux que j'ai rencontrés vivaient soit dans l'abondance, soit dans l'indigence. J'ai rarement croisé des élémentaux incarnés parvenus à la sécurité financière, à moins d'avoir travaillé activement à leur capacité à manifester les choses, à l'instar de la démarche expliquée dans *The Abundance Book* de John Randolph Price. On assiste alors à un véritable déploiement de pouvoirs magiques ! En effet, les élémentaux — tout comme les sages — ont des habiletés magiques pour que les choses se réalisent. Bien maîtrisés, ces pouvoirs peuvent défier les lois du temps et de la physique et rapidement créer des manifestations et des miracles.

Les élémentaux incarnés ont pour guides spirituels des fées, des elfes ou des farfadets bienveillants auxquels ils peuvent demander de l'aide à n'importe quel moment, uniquement en pensant : *Venez m'aider s'il vous plaît !*

## *Les élémentaux et la nature*

Les élémentaux incarnés sont des êtres qui appartiennent réellement à la terre et à l'esprit de la terre. Ils ont beaucoup de mal à rester à l'intérieur. Pour eux, travailler dans un édifice sans fenêtres, comme peuvent le faire les anges incarnés, serait impensable. Ils doivent *absolument* être en contact avec la nature, sinon ils deviennent déprimés. Les élémentaux les plus heureux sont ceux qui occupent un travail leur permettant de passer du temps dans la nature. Ils peuvent être guides de randonnées pédestres ou de retraites dans la nature, travailler dans une pépinière, être gardes forestiers, jardiniers ou promeneurs de chiens, par exemple.

S'ils n'ont d'autres choix que de travailler à l'intérieur, ils doivent exiger un bureau avec une fenêtre donnant sur un parc ou une aire gazonnée. De même, ils seront plus heureux si leur bureau est rempli de cristaux et de plantes vertes de toutes sortes, de la plus petite violette africaine au plus grand palmier. En outre, ils ont avantage à faire jouer de la musique reproduisant les sons de la nature comme le chant des oiseaux, le bruit des vagues ou la pluie qui tombe, et à orner leur bureau de photos de leurs animaux domestiques préférés, ainsi que de statuettes représentant des fées et des elfes. De plus, l'usage d'huiles essentielles (non synthétiques) de plantes et de fleurs les aide à rester en contact avec la Terre-Mère lorsqu'ils sont à l'extérieur. (On trouve ces huiles dans la plupart des magasins de produits naturels et librairies ésotériques.)

Pendant la pause-café, les élémentaux incarnés se sentiront beaucoup mieux s'ils vont dehors, même par mauvais temps. De tous les anges incarnés, ce sont eux qui ont le plus besoin d'air frais. Ceux qui travaillent dans une zone industrielle dépourvue d'arbres et de gazon peuvent regarder les formations de nuages pour satisfaire leur besoin de contacts visuels avec ce qui fait la beauté de la nature. La nature est leur temple — c'est là qu'ils se sentent le plus près de Dieu.

Voici le témoignage de C.C., élémental incarné : « Dès que je m'approche d'un boisé ou d'un cours d'eau, je me sens immédiatement énergisé et ragaillardi. Lorsque je m'assois au pied d'un arbre, je sens la bonne énergie de la terre pénétrer dans mon corps par mon chakra racine. C'est lorsque je peux être véritablement moi-même sans autre interruption que le souffle doux de la brise ou le chant mélodieux des oiseaux que je me sens le plus en sécurité. Les parfums exhalés par la forêt semblent me donner de la force et me faire 'planer' naturellement. J'ai alors l'impression qu'il n'y a rien à mon épreuve. C'est la communion avec la nature à son meilleur. Le soleil me guérit par sa chaleur. Je me sens si privilégié lorsque la terre partage avec moi toute la richesse de son savoir que j'arrive à oublier les petites préoccupations du quotidien et à me recentrer. On ne peut y arriver dans les régions à forte densité de population : ce n'est pas possible, même pas dans le coin sacré de mon jardin à la maison. Ce n'est pas la même chose. »

La plupart des élémentaux incarnés interrogés avaient une idée très précise du genre de milieu naturel où ils aimeraient vivre, alors que les autres anges terrestres se sont montrés beaucoup plus flexibles sur ce point. Ils ont presque tous répondu quelque chose comme : « Je dois absolument vivre dans le désert » ou « Il faut que je vive près de l'océan », ou encore « J'ai besoin de vivre à la campagne ».

Comme je l'ai déjà mentionné, les élémentaux incarnés préfèrent la compagnie des animaux, des plantes, des fleurs ou de la nature en général, à celle des humains. Voici comment un élémental incarné décrit son enfance : « Je n'ai jamais été populaire, ça c'est sûr. J'adorais les animaux et la nature et je n'ai pas changé. J'ai passé des heures à jouer sous les dix-sept épinettes qui bordaient notre terrain, même que je les comptais tous les jours pour être sûr qu'il n'en manquait pas. Mes jeux préférés avaient pour décor la nature et ce que j'aimais le plus était d'entendre le gazouillement des ruisseaux et de sauter d'une pierre à l'autre. »

Les élémentaux incarnés sont habités par une colère sourde contre ceux qui maltraitent la terre et ne font rien pour la nettoyer. Ils ont généralement pour compagnon un autre élémental incarné compréhensif et enjoué.

Étant donné que les élémentaux s'incarnent pour exercer un plus grand pouvoir sur les plantes, les minerais et les animaux en vue de les protéger, ils consacrent presque toujours une partie de leur vie à la défense de l'environnement ou des droits des animaux. Soit ils transmettent ces valeurs aux autres, soit ils s'impliquent directement dans des campagnes de sensibilisation, des activités de recherche et d'autres aspects de la protection de l'environnement.

En fait, pour sentir que leur vie a un sens, les élémentaux incarnés doivent travailler activement à la défense de causes, comme l'environnement et les droits des animaux. Ils se sentiront d'autant mieux qu'ils prendront eux-mêmes des mesures concrètes pour protéger l'environnement, comme recycler et utiliser des produits nettoyants écologiques du genre de ceux qu'on trouve dans les magasins d'aliments naturels.

Voici ce qu'a répondu un élémental incarné à ma question sur sa mission de vie. Sa réponse reflète l'opinion de l'ensemble des élémentaux incarnés : « Ma mission consiste à enseigner la façon de protéger la terre et ses créatures. La planète est en difficulté à cause de la cupidité et de la suffisance des humains. Il faut tout mettre en œuvre pour sauver les animaux et les plantes avant qu'il ne soit trop tard. Tant d'espèces sont perdues à jamais et tant d'autres sont en voie de disparition. Pour plusieurs créatures, le décompte est déjà commencé et le temps manque. Tout cela parce que l'humain se croit supérieur aux autres créatures. Si nous continuons à passer au bulldozer et à construire, à jeter et à exterminer, on ne risque pas de nous remercier pour les dépotoirs que nous laisserons en héritage. »

La créativité étant très développée chez tous les anges terrestres, il est naturel que les élémentaux incarnés fabriquent des objets artistiques à partir de la nature. Voici ce qu'une fée incarnée m'a dit : « J'aime créer des objets décoratifs à partir de cosses de fleurs, de feuilles, de pommes de pin, de noix et de fleurs séchées. Déjà, enfant, je fabriquais des maisons et du mobilier miniature pour les petits êtres des forêts. »

## *Ardents défenseurs de la nature*

Dans le monde spirituel, les élémentaux sont les « anges gardiens » de la nature, au service de Dieu. Il n'est donc pas surprenant que ceux qui se sont incarnés protègent avec une détermination farouche aussi bien les animaux que les plantes, l'eau et le sol. Parmi ceux qui ont répondu à mon sondage, plusieurs se sont exposés à des blessures ou à des représailles pour avoir protégé un animal, un arbre ou un autre élément de la nature.

Voici le témoignage de E.J. en ce sens : « Le manque de respect envers Mère Nature et ses créatures me fâche. Par exemple, lorsqu'un ami qui a pris place dans ma voiture jette une cigarette par la fenêtre, je m'arrête et je lui fais ramasser son mégot pour qu'il puisse le jeter dans un endroit approprié. »

Devon (un pseudonyme), pour sa part, nous confie ceci : « Par une belle journée ensoleillée, alors que j'admirais les splendides vallons, arbres et buissons qui s'offraient à mon regard par la grande baie vitrée de mon bureau, j'ai aperçu une étrange camionnette s'arrêter près des buissons dans le magnifique parc adjacent au stationnement. Un inconnu en est sorti et a commencé à manger son goûter. Jusque-là, tout allait bien.

Mais lorsqu'il a jeté un grand verre de plastique vide dans un buisson en fleurs — c'était inacceptable. Moi qui suis généralement plutôt calme et décontracté, j'ai immédiatement été envahi par un sentiment de rage primitif. J'ai attrapé une de mes collègues et j'ai sifflé entre mes dents : 'Viens dehors avec moi'. J'avais sans doute besoin de soutien moral pour mettre mon plan à exécution.

J'ai couru vers l'homme, qui était remonté dans sa camionnette, et lui ai crié : 'Pour qui vous prenez-vous ? Vous pensez avoir le droit de jeter des déchets dans les buissons, vous ?' Il s'est contenté de se moquer de moi. J'ai descendu la pente couverte de buissons et j'ai ramassé le verre, m'égratignant les jambes au passage. Alors, ne pouvant plus contenir mon indignation, je me suis retourné vers l'inconnu, lui ai lancé le verre par la tête (la vitre était baissée) et je l'ai menacé d'appeler la police s'il ne quittait pas immédiatement les lieux. Il a déguerpi à toute vitesse en faisant crisser ses pneus et en me criant toutes sortes d'injures.

Ma collègue était en état de choc, car bien que travaillant avec moi depuis cinq ans, elle ne m'avait jamais vue aussi fâché. Elle m'a dit : 'C'était de la folie. Il aurait très bien pu sortir un revolver et te tirer dessus !'

Je savais bien qu'elle avait raison, mais ça ne faisait rien. Je n'allais pas permettre que mon ami le buisson en fleurs soit ainsi maltraité — pas sous mes yeux en tout cas. »

Pamela évoque à son tour un souvenir : « À l'âge d'environ dix-neuf ans, je me suis aperçue que je faisais un avec la nature. Alors que je lavais les fenêtres, j'ai malencontreusement vaporisé du nettoyant sur une abeille et j'ai tout de suite pensé : *Mais de quel droit est-ce que je tue une créature vivante?* Alors j'ai immédiatement sorti l'abeille à l'extérieur, devant la maison, et j'ai commencé à l'asperger d'eau fraîche dans l'espoir de la réanimer. Ma mère a pensé que j'étais folle de me pencher comme ça sur une abeille morte pour essayer de la ressusciter. À partir de ce jour, je n'ai plus jamais tué d'insectes. J'ai récemment trouvé des fourmis dans mon appartement et je les ai délicatement poussées à l'extérieur avec mon balai. J'ai ensuite poliment demandé qu'elles ne reviennent plus et, une semaine plus tard, elles ont cessé de venir chez moi.

## *Les différents types d'élémentaux*

Comme je l'ai mentionné précédemment, les élémentaux incarnés ressemblent en tous points à leurs contreparties dans le monde spirituel. Ce sont des versions humaines des fées, lutins, farfadets et autres créatures. En voici quelques exemples :

— **Les fées.** Plutôt frêle, Jenny mesure 1 mètre 52 et son joli visage aux grands yeux est encadré par une longue chevelure qui lui descend jusqu'aux reins. Elle est l'incarnation même de la fée. On pourrait la prendre comme modèle pour dessiner ou modeler des fées. En outre, elle est charmante, sans prétentions et même timide — comme une fée ! Elle est tellement proche de ce royaume qu'elle donne des consultations professionnelles faisant appel aux anges et aux fées, au cours desquelles elle utilise souvent mes cartes divinatoires *Guérir avec l'aide des fées*. Elle conseille à ses clients et clientes de passer du temps dans la nature pour refaire leurs forces et les exhorte à demander continuellement l'aide des anges et des fées dans tous les aspects de leur existence, y compris pour parvenir à accomplir leur mission de vie. Elle leur conseille également de ne pas être trop sérieux et de faire appel aux fées pour ajouter de l'enchantement et de la magie dans leur vie.

— **Les lutins et les elfes.** Evie est à la fois auteure-compositrice et une interprète professionnelle. Elle a le nez retroussé et des cheveux noirs coupés court. Voici ce qu'elle m'a raconté : « Les gens affirment que je ressemble à un lutin. Quand j'étais jeune, on m'appelait 'fée clochette' et autres sobriquets du genre. Lors de mes spectacles, les gens viennent souvent me voir pour me dire que je ressemble à un lutin ; alors, je dois en être un. »

— **Les licornes.** Brian (c'est un pseudonyme) possède une mâchoire et des pommettes proéminentes, de grands yeux et un visage aux traits burinés, un peu comme un cheval arabe. Il porte les cheveux plutôt longs et s'habille d'une grande chemise flottante qui rappelle la crinière de la licorne. En y regardant de plus près, on peut distinguer (ou sentir) une corne joliment tressée sur son front. Des voyants ont dit à Brian que ses guides étaient des licornes, ce qui ne l'a pas étonné car il s'est toujours senti proche de ces remarquables bêtes. En fait, Brian possède plusieurs objets à l'effigie de la licorne. Il a la personnalité d'un chasseur — il recherche les occasions et les relations qui, sur le plan spirituel, lui ouvrent de nouvelles portes comme par magie. Il affirme que ses guides et ses anges lui ont appris, il y a longtemps déjà, qu'il était une licorne incarnée.

— **Les animaux incarnés.** Barbara affirme être un chat incarné. Voici ce qu'elle en dit : « Je me sens des affinités avec les chats et les plantes et déjà, à vingt ans, j'arborais une séduisante et soyeuse chevelure argentée. Je suis entourée de plusieurs chats et je communique merveilleusement bien avec les félins et les plantes. Je n'aime pas trop les humains, mais je leur viens en aide au besoin, dans la mesure où ils ne dérangent pas ma quiétude. Je vénère les chats et suis persuadée que si l'énergie universelle avait une forme, ce serait celle d'une magnifique créature féline. Tout comme un chat, je peux détecter toute intention malveillante chez quelqu'un. Je suis incapable de déterminer la nature des actes que la personne s'apprête à poser, mais je peux savoir dès la première rencontre si elle a des intentions honorables ou malicieuses. J'ai envie de dire au monde entier que nous devons nous respecter les uns les autres, protéger les animaux et surtout notre Terre-Mère… l'environnement. »

— **Les cristaux incarnés.** Cette catégorie ne doit pas être confondue avec celle des « enfants cristal », qui sont des êtres clairvoyants et extrêmement sensibles. Les cristaux incarnés sont des âmes qui ont déjà habité l'énergie des cristaux, rochers et autres éléments du règne minéral de la terre. Ces personnes ont de grandes affinités avec la Terre-Mère, les roches et les cristaux. Elles adorent la randonnée et les activités de plein air en général, et elles s'intéressent énormément à la protection des minerais et du sol.

## *Emplois adaptés au cheminement des élémentaux incarnés*

Les élémentaux incarnés réussissent très bien dans les carrières artistiques ou relatives aux médias comme la musique, le cinéma, la comédie, l'écriture, l'édition, la danse et le yoga. Leur nature plutôt optimiste et leurs merveilleux dons pour la manifestation en font de puissants orateurs et motivateurs. Les élémentaux incarnés adorent se produire en public et sont très doués pour enseigner à des groupes. De plus, ils aiment tout ce qui touche à la nature, comme la garde ou le toilettage des animaux, le jardinage, le travail dans une pépinière, les causes relatives à la préservation de l'environnement ou le domaine de la foresterie.

### *Conseils pratiques à l'intention des élémentaux incarnés*

— **Passez de longs moments en pleine nature.** J'insiste : peu importe le temps qu'il fait, les élémentaux ont absolument besoin d'aller souvent dehors. Si vous appartenez à ce royaume, retirez vos souliers et vos chaussettes et marchez tous les jours sur le gazon, afin de rester intimement lié à la terre.

— **Riez et jouez.** Les élémentaux qui ne jouent pas assez finissent par devenir déprimés. Faites en sorte d'avoir chaque jour une bonne dose de plaisir, de rire et de douce folie.

— **Manifestez consciemment vos désirs.** Imaginez-vous en santé, comblé, choyé et aimé. Demandez à vos semblables du monde spirituel de venir vous aider à manifester vos désirs.

— **N'explosez pas de colère.** Les élémentaux sont bien connus pour leur tempérament légendaire et ceux qui sont incarnés n'y font pas exception. Lorsque vous explosez de rage, soyez prudent, car vous projetez littéralement des boules de feu de colère ! Ces boules peuvent occasionner de la douleur émotionnelle ou même physique chez ceux qui en sont la cible. Lorsque vous explosez, vous avez le pouvoir d'un volcan : soyez prudent !

— **Désintoxiquez-vous.** Vous serez plus efficace à la manifestation si vous êtes sobre, car votre énergie est alors plus élevée et plus stable. En outre, vous serez plus heureux et en meilleure santé si vous vous purifiez mentalement et physiquement.

— **Engagez-vous dans une cause environnementale.** Donnez de votre temps ou encore faites des dons à des organismes caritatifs qui se consacrent à l'environnement ou à la protection des animaux. Recyclez religieusement, et investissez plus d'argent en produits de nettoyage doux pour l'environnement.

## Chapitre 4

# *Le peuple des étoiles*

Si l'on en croit les films hollywoodiens et les livres à sensation, les extraterrestres sont féroces et belliqueux. Et pourtant, ces derniers considèrent que ce sont les terriens qui remportent la palme de la violence, si bien que plusieurs d'entre eux ont eu pour mission de revêtir la forme humaine pour venir sur Terre empêcher une destruction massive de la planète. Nous appelons ces bienveillantes créatures *le peuple des étoiles.*

Dieu merci, ils existent! Ils viennent de galaxies aussi bien physiques que non physiques et se sont incarnés sur Terre pour répandre la bonté là où elle est nécessaire. La gentillesse qui émane collectivement de ces êtres contribue à désamorcer la colère, le stress et la rage risquant de mener vers une guerre nucléaire. Si la Terre était détruite, les ondulations néfastes ainsi produites traverseraient plusieurs galaxies successives. Le peuple des étoiles a donc pour mission d'empêcher à tout prix la guerre nucléaire. Pour atteindre ce noble objectif, rien ne vaut une conduite qui favorise les marques de bonté et la plus élémentaire bienséance envers autrui — de manière à produire l'effet domino en quelque sorte.

Les êtres des étoiles peuvent être aperçus arborant un sourire calme, en train de faire une bonne action pour aider une personne croisée en chemin. On les remarque à peine, car ils ne rendent pas service en vue de paraître méritoires. Ils obéissent plutôt à une nécessité intérieure — un peu comme s'ils étaient programmés pour accomplir de bonnes actions. Ils ne s'offusquent même pas d'être si rarement remerciés.

Les êtres des étoiles sont partout où la bonté est nécessaire. Ils sont caissiers dans les magasins, commis à la poste, caissiers dans une banque et préposés au service à la clientèle. Vêtus discrètement et se comportant de manière à passer inaperçus, ils préfèrent rester à l'arrière-scène. Ils n'ont pas besoin d'être à l'avant-plan pour accomplir leur mission ; au contraire, ce sont plutôt de bons samaritains clandestins qui espèrent que personne ne les remarquera.

Plusieurs d'entre eux vivent leur première incarnation sur Terre et il leur arrive d'avoir le réflexe de vouloir rentrer au bercail, tant ils sont dépassés par toute la violence physique et émotionnelle dont ils sont témoins. Après tout, la Terre est l'une des planètes les plus turbulentes de l'Univers et, en fait, nous avons été mis en quarantaine par les forces de l'Univers pour nous empêcher de faire du mal aux autres planètes. On considère la Terre comme étant aussi explosive qu'un adolescent bourré de stéroïdes possédant un revolver chargé.

Étant donné que la plupart des terriens réagiraient mal à une intervention ouverte des extraterrestres — aussi bien intentionnés soient-ils —, ces êtres imposants et doux à la fois ont décidé de revêtir la forme humaine et de venir parmi nous pour intervenir à leur guise. À l'intérieur, rien ne les distingue des autres : y logent les mêmes étincelles de lumière divine provenant de notre Créateur. Cependant, comme ils ont toujours vécu dans des royaumes non terrestres, il arrive qu'ils aient l'air bizarre et se comportent de façon étrange.

En raison de leur expérience très limitée de la vie sur Terre, ils sont souvent mal à l'aise en société et vivent du rejet. Parmi ceux que j'ai interrogés, plusieurs avaient été l'objet de sarcasmes pendant leur enfance et même jusqu'à l'âge adulte.

Ce genre d'expériences contribue à donner le « mal du pays » à ces êtres venus des étoiles qui aimeraient bien vivre dans un milieu où ils peuvent s'intégrer et où ils sont familiers avec les conventions sociales. Linda, qui vient d'une étoile, raconte ceci : « Adolescente, j'avais l'habitude de m'asseoir sur la pelouse du jardin en espérant être enlevée par un vaisseau spatial qui me ramènerait chez moi. »

Dans la même veine, voici ce que Scott m'a raconté : « Je me suis senti toute ma vie comme un voyageur qui attend qu'on vienne le chercher et dont les valises sont toujours prêtes. Je préférerais travailler comme guide de 'l'autre côté'. Je me souviens d'avoir vécu sur une autre planète avant de venir ici et de m'être fait demander si je voulais participer au drame qui se jouait actuellement sur celle-ci. »

Sur le plan physique, les êtres des étoiles se distinguent souvent des autres. En général, les hommes sont grands et minces, et les femmes sont petites et soit minces, soit costaudes. Sauf exception, les êtres des étoiles ont un corps — et une vie — hors normes, tant sur le plan du poids que de la taille.

Le visage est souvent long et mince, surtout si la stature est mince. Ceux qui sont de petite stature ont le visage plus rond. Il semble que leur planète d'origine influence leurs traits physiques.

*Les êtres des étoiles ont des yeux hors du commun. L'iris est de couleur inhabituelle, ou alors, la forme des yeux ou des paupières sort de l'ordinaire.*

Il y a cependant une constante : ils ont tous les yeux de couleur et de forme inhabituelles. Plusieurs ont les yeux en croissant de lune, semblables à un U renversé. Souvent gris, verts ou brun-noir, leurs yeux brillent d'une lueur qui semble émaner de l'intérieur, un peu comme s'ils étaient éclairés par derrière au moyen d'un projecteur. Parfois, des anneaux plus pâles entourent la pupille.

Comme les êtres des étoiles préfèrent ne pas attirer l'attention, ils optent pour des vêtements confortables et pratiques plutôt que de suivre la mode. Les femmes ne se maquillent presque pas et font peu de cas de leurs cheveux. Une de nos répondantes, qui est coiffeuse professionnelle, avoue se préoccuper peu de la coupe et de la couleur de ses cheveux !

Les êtres des étoiles ont une personnalité paradoxale. Enclins à aider, alors qu'on ne leur demande rien, ils peuvent tout aussi bien sembler distants et sur leurs gardes. D'ailleurs, on dit souvent qu'ils sont « froids ». Ils sont ici pour aider, mais n'ont pas besoin d'entrer en relation sur le plan des émotions et des sentiments, des notions qui leur sont parfaitement étrangères. Il est beaucoup plus important à leurs yeux d'accomplir leurs tâches que de nourrir leurs relations avec les autres.

Les êtres des étoiles adorent la technologie. Ils sont généralement les premiers à acquérir (ou à inventer) les plus récents gadgets. Ils collectionnent les tout derniers modèles d'appareils mobiles permettant de téléphoner et d'envoyer des e-mails, ainsi que toutes sortes d'autres gadgets électroniques. Leur âme collective a pour mission, entre autres, de contribuer au développement de la technologie afin de faire progresser la science et la race humaine.

Fait à noter, il y a peu de vedettes chez le peuple des étoiles, car ces derniers préfèrent généralement rester à l'arrière-plan. Il leur serait plus naturel d'être metteurs en scène qu'acteurs. Et pourtant, on dit qu'Oprah Winfrey et Keanu Reeves sont du peuple des étoiles, qu'ils ont une noble mission à accomplir sur Terre et qu'ils utilisent les médias à cet effet. Plusieurs croient que le film *La Matrice*, mettant en vedette Keanu Reeves, contient une mise en garde contre la dépendance à la technologie.

Les êtres des étoiles se demandent souvent quelle est leur mission dans la vie, et ils se sentent soulagés lorsqu'ils apprennent qu'ils sont uniquement ici pour faire du bien autour d'eux, qu'importe la manière — tant et aussi longtemps qu'ils seront parmi nous. En somme, ils n'ont pas de tâches précises à accomplir : ils ont seulement à faire de leur mieux pour mettre un sourire sur les visages renfrognés des humains autour d'eux.

Écoutons Kath, venue des étoiles : « J'ai toujours senti que j'étais ici pour aider quiconque ou quoi que se soit ayant besoin de moi. Il ne se passe pas une journée sans que l'on recoure à mon aide et c'est parfois frustrant de sentir qu'on n'a pas de but réel dans la vie. » Kath s'est dite soulagée en apprenant que ses perpétuels actes de bonté avaient un sens et qu'ils constituaient en soi un but dans la vie.

## *Le contact avec leur lieu d'origine*

La plupart des êtres des étoiles s'intéressent aux ovnis, à la vie sur les autres planètes, aux voyages dans l'espace et aux extraterrestres. Ils adorent les séries *Star Trek* (la nouvelle et l'ancienne), les œuvres de science-fiction et tout ce qui se rapporte à ces thèmes. Ils adhèrent complètement aux films *K-Pak* et *Man Facing Southeast*, dont les protagonistes sont des êtres venus des étoiles qui finissent par être internés parce qu'ils parlent ouvertement de leurs origines non-terrestres.

Les êtres des étoiles racontent qu'ils avaient, dans l'enfance, une compréhension intuitive de la spiritualité. Plusieurs ont préféré fuir les religions traditionnelles, jugeant leur cadre trop étroit pour contenir la vastitude de l'Esprit tel qu'ils le comprennent. Voici ce que Terry en dit : « J'ai toujours pensé que Dieu était une sorte d'Intelligence universelle, une notion beaucoup plus vaste que celle adoptée par les églises traditionnelles. » Il ne fait aucun doute que la conception de Terry s'est peaufinée au cours de ses nombreuses vies antérieures où ses expériences et niveaux de conscience ont pu atteindre des degrés très élevés.

Plusieurs se rappellent — ou croient — être montés à bord d'un vaisseau spatial au cours de leur vie actuelle et savent même de quelle planète ils viennent.

Bien sûr, ce n'est pas le genre de choses dont on parle ouvertement dans les salons. N'oublions pas que ce sont là des gens à l'apparence très ordinaire, des gens qui savent qu'ils ne sont pas des terriens. Monsieur et madame tout-le-monde pourraient en avoir un parmi leurs voisins ou leurs collègues de bureau, ce qui n'est pas sans ajouter du piquant à leurs histoires. En voici quelques-unes :

— **MaryKay :** « Lors d'une séance de visualisation guidée, j'ai entrepris un voyage en vue de découvrir d'où je venais. C'est Jésus qui s'est présenté pour me guider. Après être allés aux confins de la Terre, nous nous sommes soudainement retrouvés dans le ciel et nous avons continué à nous élever en direction d'une étoile très brillante, si brillante que j'en étais aveuglée. Une fois sur place, j'ai été envahie par un immense sentiment d'amour que j'avais cherché toute ma vie durant. Lorsque j'ai demandé où j'étais, j'ai immédiatement entendu le nom *Sirius*… un mot — et une étoile — dont je n'avais jamais entendu parler auparavant. »

— **Linda :** « J'ai toujours senti que je venais des Pléiades, alors que je ne sais même pas épeler ce mot. Je ne sais pas ce qui me fait dire que je viens de là : c'est tout simplement quelque chose que je sens. »

— **Scott :** « Je sais que ma vie précédente s'est déroulée sur une planète appelée *Zéron*. Si je me souviens bien, je m'occupais des forêts là-bas. J'étais très grand et ma tête était plutôt grosse. Cette planète très belle et verdoyante servait de havre à ceux qui avaient besoin de se reposer entre deux leçons. J'ai beaucoup aimé mon séjour là-bas. »

Ceux qui vivent sur d'autres planètes ont une espérance de vie beaucoup plus longue que les terriens, car leur physiologie est différente. Et puis, ils ne sont pas, comme nous, exposés à la pollution, au stress et à la toxicité des aliments qui usent l'organisme. En fait, de nombreux extraterrestres n'ont pas de corps physique, ce qui les aide à mener à bien leur mission. Or, si la vie sur les autres planètes est plus longue que la nôtre, c'est pour permettre à ceux qui y vivent d'apprendre d'avantage.

En fait, une seule vie sur une autre planète est l'équivalent de trois à quatre vies humaines. Pour avoir le temps de mener à bien leur mission, les êtres des étoiles choisissent souvent de s'incarner plusieurs fois d'affilée sur Terre. Néanmoins, ils sont du peuple des étoiles, car leur âme a passé la majeure partie de son existence ailleurs que sur Terre.

Lorsqu'un être des étoiles fait une régression dans ses vies antérieures, il peut avoir des souvenirs qui ne lui appartiennent pas. Nous devons cette étonnante découverte à l'auteure Dolores Cannon qui a guidé un client, prénommé Phil, dans de nombreuses régressions au cours desquelles celui-ci s'est souvenu d'avoir eu plusieurs vies sur Terre avant sa vie sur une autre planète passablement différente.

En poursuivant son travail avec Phil, Dolores a découvert que ce dernier en était à sa première vie sur Terre, mais qu'il avait «emprunté» ses souvenirs passés à une sorte de banque spirituelle. Ces souvenirs, qui ne lui appartenaient pas, servaient à l'isoler et à le protéger pendant son adaptation aux dures réalités de la vie terrestre et à un environnement beaucoup plus dense. Sans cela, l'organisme de Phil aurait pu entrer en état de choc au contact de la violence, de la compétition et de la cupidité qui sévissent sur notre planète. Dolores raconte en détail les expériences de Phil comme être venu des étoiles dans son magnifique livre intitulé *Keepers of the Garden*.

Malgré le sentiment d'abandon nourri par l'impression d'avoir été jetés sur Terre du haut de leur planète-mère sans avoir été consultés auparavant, les êtres des étoiles conservent toujours un lien avec leur lieu d'origine. Bon nombre ont un extraterrestre comme guide spirituel, ainsi que des cordons éthériques les rattachant à un vaisseau spatial qu'ils visitent souvent en rêve ou pendant des séances de méditation.

## *Le travail énergétique et la sensibilité*

Bien que tous les anges incarnés se disent extrêmement sensibles à l'énergie dégagée par les foules, les gens et les lieux, c'est le peuple des étoiles qui est le plus susceptible de travailler dans le domaine de la guérison énergétique. Il est étonnant, en fait, de voir combien de ces êtres réussissent à gagner leur vie à l'aide de leurs mains, soit en faisant du travail énergétique ou un travail manuel comme l'aménagement paysager, la construction, la coiffure, la manucure, le massage ou le travail sur des chaînes de montage.

Le reiki semble être au premier rang des techniques de guérison énergétiques choisies par le peuple des étoiles, ce qui n'est pas surprenant si l'on considère que cette énergie thérapeutique a été offerte en cadeau aux terriens par les Pléiades. Il est à noter que l'énergie du reiki ressemble à de fins rayons aux couleurs de l'arc-en-ciel, des rayons semblables en tous points à l'aura du peuple des étoiles que l'on a pu observer sur des photos. On dirait des tubes verticaux qui montent du corps, un peu comme des cheveux dressés sur la tête.

Le peuple des étoiles est très attiré par les symboles, les codes, les hiéroglyphes et la géométrie sacrée. Il est donc tout naturel que ces derniers adoptent le reiki, car cette méthode de guérison fait appel à des symboles codés qui vibrent et émettent différentes énergies de guérison.

Quand j'arrive à la fin de mon cours menant à la certification en thérapie angélique, je divise mes étudiants en groupes selon le royaume d'anges terrestres auquel ils appartiennent, puis je leur laisse le temps de se parler, de se comparer et de tisser des liens. La dernière fois, quel n'a pas été mon étonnement de constater que tous les membres du peuple des étoiles étaient maîtres reiki !

Voici le témoignage de Terry : « Je suis ultrasensible à l'énergie. Quand je fais du reiki, je sens tout de suite les fluctuations d'énergie et mes mains sont naturellement attirées vers l'endroit d'où les énergies négatives doivent être évacuées. L'énergie est 'épaisse' sous mes mains, un peu comme si je déplaçais de la gomme. »

Et Nancy explique : « Lorsque je fais du travail thérapeutique, mes mains deviennent très chaudes. Je peux sentir la chaleur qui se dégage de l'endroit à guérir sur le corps de mon patient. »

## *Le peuple des étoiles et les relations interpersonnelles*

Les êtres des étoiles ont parfois des parents qui ne viennent pas eux-mêmes des étoiles et qui ne sont même pas des anges terrestres. Dans ce cas, les parents ont du mal à comprendre leur enfant venu des étoiles et celui-ci risque de se sentir déconnecté de sa famille biologique. Kathy nous a confié ceci : « Lorsque j'étais enfant, je me sentais seule et différente, bien que j'aie été entourée de cinq frères et sœurs. »

En effet, très peu de planètes fonctionnent sur le modèle de la Terre, où l'on naît dans une famille. La plupart du temps, leurs habitants ont été conçus dans une éprouvette et l'attachement émotionnel aux autres membres de la famille, tel que nous le connaissons, n'existe tout simplement pas. Cela expliquerait en partie pourquoi les êtres des étoiles restent toujours un peu distants jusque dans leurs rapports d'amitié. Ils rendent service, mais si on essaie de créer des liens plus personnels avec eux, on sent une certaine froideur de leur part. Cela n'est pas étonnant si l'on songe que les êtres des étoiles sont ici pour accomplir des tâches et non pour tisser des liens. Ils ont un travail à faire et les relations interpersonnelles ne sont pas au nombre de leurs priorités.

Écoutons Scott à cet effet : « Cela m'a aidé de savoir que je venais des étoiles. J'ai mieux accepté certains aspects distants de ma personnalité et j'ai compris pourquoi je me sentais parfois loin des autres. »

Le témoignage de Terry va également dans ce sens : « Très peu de gens comprennent ce en quoi je suis différente. J'ai l'impression d'être à part des autres et je passe beaucoup de temps en solitaire. D'ailleurs, j'aime mieux cela que de me retrouver parmi des gens qui discutent de leurs problèmes. »

Pour se sentir acceptés, les êtres des étoiles devraient chercher à côtoyer leurs semblables. Écoutons Linda : « Mon mari vient lui aussi des étoiles, ce qui nous permet de nous rejoindre sur toute la ligne. »

Le mari de Linda a douze ans de moins qu'elle, et il semble que de nombreuses femmes venues des étoiles s'unissent à des hommes plus jeunes. En général, elles affirment savoir que leur conjoint vient de la même planète qu'elles. Il arrive que la différence d'âge nuise à la profondeur de l'engagement amoureux. Il semble que les êtres des étoiles incarnés en hommes soient descendus sur Terre plusieurs années après ceux qui se sont incarnés en femmes.

Lorsqu'ils se marient, les êtres venus des étoiles ont très peu d'enfants. Il arrive souvent qu'ils n'en aient pas du tout. Linda raconte : « J'ai 50 ans et j'ai subi une hystérectomie ; alors je n'aurai pas d'enfants. J'ai toujours su quelque part que je n'en aurais jamais. En fait, ça m'était parfaitement égal. J'étais prête à aller dans le sens de ce que mon mari voulait, mais au fond je *savais* que je ne serais jamais enceinte. » Terry, pour sa part, affirme n'avoir jamais été intéressée par ce qu'elle appelle la « dynamique familiale traditionnelle ».

Les êtres des étoiles naissent souvent par césarienne, ce qui pourrait s'expliquer par le fait que, sur les autres planètes, l'accouchement par voie vaginale n'existe pas et que les bébés naissent en laboratoire. En outre, de nombreux habitants des autres planètes sont androgynes, c'est-à-dire qu'ils ne sont pas sexués. Les bébés extraterrestres ne proviennent pas de la rencontre d'un spermatozoïde et d'un ovule, mais bien d'un transfert d'énergie et de l'intention de créer — comme dans le film *Cocoon*.

Certains êtres des étoiles s'engagent par contrat à ne pas se marier et à ne pas avoir d'enfants pendant leur séjour ici-bas. Il se peut fort bien que, n'ayant aucune expérience des relations amoureuses, ils n'aient même pas songé à inscrire le mariage et les enfants à leur contrat de vie sur Terre. La famille risque de nuire à leur mission de vie et résulter en un karma qui les garderait prisonniers du cycle de la réincarnation sur Terre.

Il se peut aussi qu'un être venu des étoiles se retrouve pour la première fois avec un sexe bien défini. La femme est peut-être mal à l'aise dans son corps et l'homme pourrait avoir l'impression d'être un imposteur. Et pourtant, lorsqu'ils se retrouvent sur Terre et qu'ils voient des couples marcher main dans la main, ils ont parfois envie d'en faire l'expérience eux aussi. Certains réussissent à faire se concrétiser le mariage et la famille, alors que d'autres ne connaîtront jamais ce type d'union.

### *Se débrouiller sur Terre*

Comme je l'ai mentionné précédemment, les êtres des étoiles ne peuvent supporter la violence. Si celle-ci répugne à tous les anges terrestres, peu importe leur royaume, c'est encore plus vrai pour le peuple des étoiles. Écoutons Linda à ce sujet : « Je ne tolère pas qu'on élève la voix autour de moi ; ça m'est littéralement insupportable. Lorsqu'on me gronde, j'ai tout de suite les larmes aux yeux. » La plupart des êtres venus des étoiles qui ont répondu à mon sondage ont affirmé ne pas écouter les informations et ne pas lire les journaux parce que ça les perturbe trop.

Le peuple des étoiles entrevoit une fin possible à la violence… si les hommes et les femmes amoureux de la paix prennent position par le biais de la prière et d'une action inspirée. En attendant, ils restent fidèlement à leur poste sur Terre et continuent d'être de gentils garçons et de bonnes filles dans leur quotidien. Cependant, au fond d'eux, ils ont le mal du pays et s'ennuient de la vie paisible qu'ils ont déjà connue loin, très loin d'ici.

Les êtres des étoiles, qui ont appris à composer avec la vie sur Terre, affirment que la rencontre avec d'autres êtres de leur royaume leur a été bénéfique. Vous n'aurez pas de mal à les repérer si vous recherchez les traits physiques qui les distinguent. En outre, vous les trouverez près de la mer. Tous les êtres des étoiles que j'ai interrogés, tous sans exception, affirmaient avoir *absolument besoin* de vivre près de l'eau, surtout près de la mer. Un fort pourcentage des êtres des étoiles que je rencontre sont des adeptes de la plongée sous-marine. Ils fuient leur quotidien en se réfugiant sous l'eau.

MaryKay explique d'où vient ce besoin : « J'ai compris que je devais vivre près de la mer pour trouver mon équilibre. Je m'y rends pour sentir la puissance qui se dégage de cet immense plan d'eau ainsi que des vagues. C'est comme si ça me permettait de recharger mes piles. » Évidemment, on retrouve aussi des êtres des étoiles dans les congrès sur les ovnis et les groupes d'études en science-fiction.

Voici deux autres témoignages d'êtres venus des étoiles :

— **Linda s'exprime en ces termes :** « Voici ce que j'aimerais dire aux êtres des étoiles : Vous n'avez pas à vous sentir mal s'il vous est difficile de vous intégrer à la vie sur Terre… car, après tout, vous n'êtes pas d'ici ! Essayez simplement d'accepter cet état de fait. Vous êtes spéciaux, car vous êtes venus aider cette planète à parvenir à la paix. Vous y êtes par choix, pour apporter la guérison. »

— **Scott vous donne un conseil :** « Tissez des liens avec des êtres qui partagent votre point de vue et contentez-vous de sourire devant l'absurdité de ce qui se déroule sous vos yeux. Enseignez la tolérance et la patience et surtout l'amour, car rien d'autre n'est important. Et n'oubliez pas que ce n'est qu'une affectation temporaire ! »

## *Emplois adaptés au cheminement du peuple des étoiles*

Les êtres des étoiles sont des touche-à-tout qui risquent de ne pas se contenter d'une seule carrière. Ils auront plusieurs occupations consécutives ou même simultanées. Ils font de merveilleux maîtres reiki, guérisseurs énergétiques, massothérapeutes, chiropraticiens, physiothérapeutes et kinésithérapeutes. Ils aiment aussi la recherche, l'ingénierie, la technologie et le travail de soutien. Ils doivent cependant croire aux objectifs de la société pour laquelle ils travaillent, sinon ils seront très malheureux dans leur emploi. Ils sont bienveillants, ont de l'ardeur au travail et sont efficaces, mais ils donnent souvent l'impression d'être froids et distants. Comme ils préfèrent se tenir en coulisses, ils sont plus heureux lorsqu'ils travaillent en solitaire que comme porte-parole ou employés dans un service de première ligne.

### *Conseils pratiques à l'intention du peuple des étoiles*

— **Sachez que chaque acte de bonté compte *réellement*.** Vous vous inquiétez probablement de l'avenir de la planète Terre ou de savoir si vous en faites « assez ». Dites-vous régulièrement que des milliers de petits actes de bonté finissent par avoir un impact énorme sur l'instauration de la paix sur la planète.

— **Trouvez d'autres êtres venus des étoiles.** Il est essentiel que vous fréquentiez des gens comme vous. Si vous portez en vous l'intention de rencontrer d'autres êtres des étoiles, vous les attirerez bientôt sans difficulté. Vous rencontrerez également d'autres êtres venus des étoiles en fréquentant les forums de discussion et en bavardant sur le Web, ou encore en fréquentant les événements organisés sur le thème des extraterrestres.

— **Apprenez à apprécier votre différence.** Vos penchants naturels vont souvent à l'encontre de ceux des terriens qui vous entourent. Pour vous, la beauté se trouve à l'intérieur plutôt qu'à l'extérieur, alors que c'est le contraire pour beaucoup d'humains. Vos priorités vont davantage aux tâches à accomplir qu'aux liens à entretenir. Alors, cher être venu des étoiles, respectez votre différence, ne dérogez pas à vos principes et ne diluez pas vos pouvoirs en essayant de vous conformer.

## Chapitre 5

# *Les sages réincarnés : sorciers, sorcières, grandes prêtresses, magiciens, magiciennes et chamans*

INTENSES, EXOTIQUES ET EXCENTRIQUES SONT AUTANT de qualificatifs qui s'appliquent aux sages. Une lumière émane de leur personne. On dirait des personnages de romans roses : longue chevelure soyeuse, visage ovale et regard envoûtant cachant un passé nébuleux. Les anges terrestres qui appartiennent à ce royaume ont une profonde sagesse et une intuition hautement développée. Leur regard est pénétrant et rien ne sert d'essayer de leur mentir ou de les tromper, car ils ont le don de percevoir la vérité. Ils arborent un style excentrique et flamboyant, et portent généralement des vêtements amples inspirés d'un romantisme révolu. Un certain mystère flotte autour d'eux. Dès la première rencontre, on se rend compte qu'ils ont la science infuse.

*Lorsqu'on regarde un sage dans les yeux, on voit sa profonde sagesse, son savoir et, parfois, la peine qu'il ressent devant l'histoire de la Terre et de l'humanité. Et s'il a des cernes sous les yeux, ce sont des traces laissées par un passé éprouvant.*

Les sages sont des humains qui, dans leurs vies antérieures, ont appris à canaliser leurs pouvoirs de manière à accomplir des miracles, comme des guérisons, des matérialisations et la capacité d'influer sur la météo et les objets matériels (lévitation, télékinésie, etc.). Ce sont des magiciens extrêmement puissants et bien formés, appartenant à la race humaine, qui s'étaient retirés de la vie active au royaume spirituel, mais à qui on a demandé de revenir sur Terre en mission spéciale devant l'urgence de la situation.

L'énergie dégagée par les sages est plus foncée et plus lourde que celle des anges terrestres des autres royaumes. On pourrait la qualifier de sombre, sérieuse, presque dépressive. De plus, les sages peuvent être passablement sévères. En société, ils sont très arrêtés dans leurs opinions, mais cela a du bon. En effet, ils sont un peu comme les régisseurs sur un plateau où se déroulerait la vie de leurs proches parents et amis. Ils connaissent toujours la meilleure voie à emprunter ; alors ils sont réellement de bon conseil.

Les autres anges terrestres n'ont jamais été humains auparavant (ou ils se sont déjà incarnés comme ange, élémental, etc.), alors que les sages le sont depuis des temps infinis, ce qui ne les empêche pas de se sentir différents, à l'instar des autres anges terrestres. Certains sages ne craignent pas d'affirmer : « Je *suis* différent et j'en suis fier ! » Un sorcier incarné raconte ceci : « Enfant, je me suis rendu compte que j'étais différent et que je n'arrivais pas à m'adapter aux autres. Cela m'a donné du fil à retordre jusqu'à ce que je comprenne que ma différence constituait un avantage. Je me détachais de la masse et ne correspondais pas à la norme — un atout dont j'ai pris conscience à l'âge adulte. »

Les sages sont donc mieux adaptés à la vie sur Terre que les anges terrestres des autres royaumes. Ils sont réalistes, font preuve de compassion et de patience envers les autres. Ils semblent avoir appris à apprécier leur séjour sur Terre. Contrairement aux anges terrestres des autres royaumes, les sages n'ont pas peur de la part d'ombre qui fait partie de la vie. Le témoignage de la sorcière Linda corrobore celui de nombreux sages. Le voici : « Je sais que je suis différente des autres, mais je n'ai pas l'impression d'être une étrangère ici-bas, car peu m'importe que l'on m'aime ou non. » S'il y a un signe particulier par lequel on peut identifier les sages sans se tromper, c'est bien leur détachement par rapport à l'opinion que les autres se font d'eux.

## *L'histoire des sages*

Les sages ont pour dénominateur commun le nombre d'années passées à harnacher leurs pouvoirs magiques. Certains se sont intéressés par eux-mêmes à la métaphysique, alors que d'autres ont été triés sur le volet quand ils étaient enfants pour recevoir un enseignement dans ce domaine. Les sages ont été grands prêtres et grandes prêtresses sur l'Atlantide, en Grèce ancienne ou en Égypte ; ils ont vécu à l'époque du roi Arthur ou chez les Mayas ; ils étaient Esséniens ou ont pratiqué la sorcellerie à des fins de guérison. Témoins de l'annihilation de grandes civilisations, ils ont vu de nombreuses personnes mourir à cause de leurs croyances spirituelles. Les sages connaissent les zones d'ombre inhérentes à l'ego humain et savent en mesurer l'ampleur ; cependant, ce qu'ils savent par-dessus tout, c'est la grandeur dont l'être humain est capable, et c'est cela qu'ils viennent nous enseigner en revenant parmi nous.

Par ailleurs, de nombreux sages étaient confortablement installés dans le monde des esprits, au sein de communautés qu'ils avaient eux-mêmes formées, évoluant dans un décor paradisiaque, où fontaines, jardins et chutes d'eau rivalisaient de beauté. Tout était merveilleux jusqu'à ce qu'un comité de guides les sollicite pour reprendre du service comme « soldats spirituels » sur la planète Terre en vue d'aider les humains à trouver la paix ; ces sages devaient dispenser l'enseignement nécessaire et prêcher par l'exemple. Ils devaient également rappeler aux gens la façon dont ces derniers pouvaient utiliser leur puissance et leurs pouvoirs intérieurs pour susciter l'harmonie.

Certains sages ont rouspété à la perspective de revenir sur Terre. À leur arrivée ici, ils ont été frappés par la lourdeur et la densité de l'énergie environnante. Incapables d'affronter ce climat, quelques-uns ont décidé de partir d'ici en orchestrant leur propre mort. D'autres, résignés à la vie sur Terre, ont sombré dans la colère ou la dépression.

Les sages qui se sont le mieux adaptés sont ceux qui ont repris l'étude de la spiritualité terrestre comme l'astrologie, la Wicca, la magie cabalistique, les auteurs hermétiques, le paganisme, les rituels, la guérison par les cristaux, l'herboristerie, les invocations aux bougies et le chamanisme.

Grethel a confié qu'elle croyait être une sorcière réincarnée. Voici quelques-unes des raisons qu'elle a invoquées : « Très tôt dans la vie, je me suis intéressée aux psalmodies, aux herbes, aux baguettes magiques et à tous les accessoires utilisés dans les rituels (bougies, encens, eau, etc.). Enfant, j'avais un sorcier comme ami imaginaire. Et pour couronner le tout, ma grand-tante m'appelait 'la magicienne' quand j'étais jeune. »

Ceux et celles qui appartiennent au royaume des sages ont, pendant des vies entières, perfectionné leurs talents pour la magie et la spiritualité. Ils sont passés maîtres dans les arts spirituels de la manifestation, l'alchimie et la guérison. Ils sont nés avec des dons pour la divination, des dons qu'ils auraient peut-être préféré ne pas avoir, surtout s'ils sont capables de prémonition. Les enfants, surtout, risquent de s'en vouloir de ne pas avoir été en mesure d'empêcher une tragédie qu'ils avaient présagée. Pourtant, le fait de voir venir ces tragédies leur permet d'intervenir par la prière. Mais si l'on avait attendu d'eux qu'ils interviennent de manière à empêcher la tragédie, on le leur aurait clairement signifié et on leur en aurait donné les moyens.

La plupart des sages que j'ai interrogés se souvenaient clairement d'avoir été, dans une autre vie, magicien, magicienne, grand prêtre, etc., et ont affirmé réagir fortement à l'évocation des épisodes de chasse aux sorcières compris entre les années 1300 et 1700. Beaucoup d'entre eux se souviennent en tout ou en partie d'incidents violents où ils ont été brûlés sur un bûcher, pendus ou tués d'une quelconque façon à cause de leurs croyances spirituelles. Voici ce que Sara a raconté : « Je me rappelle avoir été brûlée vive sur un bûcher pendant que les gens autour de moi criaient et m'injuriaient. J'ai été brutalement torturée. »

La « chasse aux sorcières » commençait lorsque les foules se laissaient convaincre de superstitions voulant que tous les malheurs — maigres récoltes, enfants malades, etc. — soient attribuables à un mauvais sort jeté par une sorcière. Pour remédier à la situation, on décidait de purger le « mal » en brûlant le sang des sorcières. De nombreuses sorcières ont été pourchassées par leurs voisins, les autorités locales ou religieuses.

Celles qui avaient de la chance étaient tuées avant d'être attachées à un poteau et brûlées, mais en France, en Allemagne et en Suisse, la plupart ont péri sur le bûcher.

Les sages qui n'ont pas été tués se souviennent quand même de cette époque. Ils affirment avoir eu peur de l'Inquisition, de la persécution des chevaliers du Temple, des procès faits aux Cathares (hérétiques ayant vécu en Europe au XIIIe siècle, sous la menace du pape Innocent III, qui a ordonné leur mise à mort) et de toute autre forme de persécution exercée à cette époque. Une menace de mort planait sur tout le monde, et les sages qui ont vécu en ces temps de chasse aux sorcières craignent encore aujourd'hui d'étaler au grand jour la totalité de leurs dons spirituels.

Il n'est donc pas étonnant que bon nombre d'entre eux se retiennent de mettre pleinement à profit leur considérable pouvoir. Et pourtant, s'ils sont ici parmi nous, c'est parce qu'ils ont choisi de transmettre et d'utiliser leurs connaissances et leurs outils spirituels. Pour mener à bien leur mission dans la vie, ils doivent « dépoussiérer » leurs dons pour la divination et la guérison spirituelle. Et comme on ne peut être heureux que si l'on suit sa voie, les sages doivent inévitablement réveiller et redéployer tout leur potentiel spirituel.

Les sages se sentent particulièrement proches des élémentaux et vice-versa. Non seulement les fées et les elfes jouent-ils un rôle dans les pratiques spirituelles d'origine terrestre, mais de grandes amitiés se sont forgées entre les sages et les élémentaux. À une certaine époque, on appréciait la contribution des êtres provenant du royaume des élémentaux, mais l'Église s'est vite sentie menacée par un tel déploiement de pouvoir hors de ses murs. Elle a donc mis en branle toute une campagne de dénigrement contre les fées, les elfes et autres élémentaux. Il existe encore des gens qui ont peur de ces êtres magnifiques.

En raison des liens extrêmement étroits qui ont existé à une époque très reculée — et qui existent encore de nos jours — entre les élémentaux et les sages, certains élémentaux incarnés peuvent penser appartenir au royaume des sages. Un élémental incarné, par exemple, peut très bien se souvenir de la mise à mort des sorciers ou sorcières sur le bûcher, sans en avoir été lui-même victime. Le seul fait d'avoir vu certains sages parmi ses amis être brûlés vifs peut avoir laissé en lui des souvenirs indélébiles et l'amener à croire, à tort, qu'il a bien été brûlé vif.

Il existe en fait des différences majeures entre les deux royaumes. Les sages sont plus solennels, plus sombres et plus sérieux, alors que les élémentaux incarnés sont enjoués et espiègles. Les sages ont un visage long et ovale, et préfèrent porter les cheveux longs (même si, à notre époque, ils les coupent pour s'intégrer au milieu des affaires) ; les élémentaux incarnés ont le visage rond et portent généralement les cheveux courts (sauf les fées et les sirènes incarnées). Chez les hommes, les sages ont souvent une queue de cheval ou les cheveux lissés au gel vers l'arrière. Les actrices et acteurs Johnny Depp, Della Reese, Angelica Huston et Jimmy Smits illustrent bien leur style et leur niveau d'intensité.

Les sages s'habillent à la mode romantique ou de façon excentrique, reflétant ainsi l'époque qu'ils ont préférée lors de leurs incarnations précédentes. Les femmes affectionnent particulièrement les longues robes flottantes « de déesse » de couleur foncée, ornées de gros colliers en cristal. Les hommes, quant à eux, privilégient les chemises en fibres naturelles ou de style Renaissance et portent souvent des pendentifs symboliques comme une croix celtique ou un insigne « OM ». Les sages adorent fréquenter les festivals d'inspiration Renaissance, où ils déambulent souvent en costume d'époque, se remémorant du même coup les hauts et les bas de leurs vies antérieures.

Les sages ont des dragons, des magiciens ou des déesses comme guides spirituels. Ils s'intéressent beaucoup aux époques des grands mythes comme Avalon, l'Atlantide et la Lémurie. Ils collectionnent les statuettes de magiciens et adorent les livres et les films qui ont pour thème la magie comme *Le Seigneur des anneaux* et *Harry Potter*, ainsi que tout ce qui se touche au roi Arthur. En outre, de nombreux sages sont férus d'histoire.

Voici ce qu'a écrit la grande prêtresse incarnée Marlies : « J'adore les mythologies grecque et égyptienne. Je me sens réellement proche de la déesse égyptienne Isis, ainsi que de Pallas Athéna, la déesse de la sagesse et de la guerre. J'aime toute la légende qui entoure cette dernière et la façon dont elle a soutenu Ulysse. J'ai étudié le grec ancien avec une passion sans bornes et je me sens proche de toutes les déesses de l'Olympe. »

En outre, les sages sont très sensibles aux cycles lunaires. Ils sont affectés, aussi bien physiquement qu'émotionnellement, par la pleine lune et les cycles de la nouvelle lune. Et ils s'adonnent volontiers à des rituels célébrant l'équinoxe.

## *Tendances relevées chez les sages*

Fait à noter, les sages interrogés pour les besoins de ce livre connaissaient tous leur signe astral, ainsi que leur ascendant, et savaient dans quel signe étaient leur soleil et leur lune : il s'agit là d'un contraste frappant par rapport aux membres des autres royaumes, qui souvent ne connaissaient pas leur signe solaire et encore moins leur signe lunaire. Il est clair que les sages s'intéressent vivement à l'astrologie et à ses applications.

Un fort pourcentage de sages interrogés sont, ou ont été, aux prises avec des problèmes cardiovasculaires. Le prolapsus valvulaire mitral, l'hypertension, la tachycardie, l'arythmie, les souffles au cœur et les infarctus sont monnaie courante chez ces personnes. Se pourrait-il que les sages aiment tellement la Terre et ses habitants que d'être témoins des actes qui concourent à leur destruction leur brise le cœur ? Ou est-ce à cause de la douleur résiduelle causée par la chasse aux sorcières, alors que le sang des sages a été brûlé, et leur cœur empalé ?

Louise Hay explique dans son livre *Transformez votre vie* que, sur le plan métaphysique, les problèmes cardiaques renvoient à des problèmes émotionnels de longue date. Les sages portent en eux une souffrance qui remonte à des temps immémoriaux et qu'ils ont accumulée lors de leurs précédents séjours sur Terre. On peut certainement dire de ces problèmes qu'ils sont « de longue date » ! Selon Louise, le manque de joie, le durcissement du cœur et la conviction qu'il faut lutter et se stresser contribuent également aux problèmes cardiaques.

Les sages que j'ai rencontrés sont des êtres d'une grande intensité. Ce sont d'inlassables enseignants qui travaillent d'arrache-pied et donnent à leur entourage des conseils succincts, mais d'une grande profondeur philosophique. Et pourtant, leur regard trahit souvent la déception accumulée au fil des années passées à enseigner sans obtenir les résultats escomptés. L'un d'eux me disait récemment ceci : « Si seulement les gens suivaient mes conseils, tous leurs problèmes s'évanouiraient. Ce n'est pas de l'arrogance de ma part ; c'est juste que *je sais* ce qui pourrait les aider. Or, les gens tiennent rarement compte de ce que je leur dis et continuent à se complaire dans leurs problèmes. » Étant donné que les sages ont pour mission d'enseigner et de montrer la voie, la frustration qui en découle pourrait bien être ce qui leur brise le plus le cœur.

À l'instar des élémentaux, les sages n'apprécient pas tellement les règles et les règlements. Mais tandis que les élémentaux se font prendre à chaque fois lorsqu'ils font un mauvais coup, les sages, eux, se camouflent sous une cape d'invisibilité. Ils se font rarement prendre à enfreindre un règlement, et lorsqu'ils commettent une infraction, ils rejettent parfois le blâme sur les élémentaux.

## *Les problèmes relationnels des sages*

La plupart des sages désirent ardemment contracter un mariage magique et mystique avec l'âme sœur. Parfois, ils sentent vaguement la présence d'une âme sœur rencontrée en des temps immémoriaux lors d'une de leurs anciennes incarnations sur Terre et cette personne devient l'objet de leur quête. En attendant de la retrouver, ils préféreront souvent rester seuls, mais le pire les attend lorsqu'ils se contentent d'une relation insatisfaisante.

Dans leurs vies antérieures, les sages peuvent avoir déjà fait vœu de chasteté ou de célibat, et il arrive que ces promesses les suivent jusque dans leur vie actuelle, causant ainsi des ravages. Prenons le cas d'Audrey, qui savait avoir déjà été magicienne et religieuse lors de précédentes incarnations. Comme sorcière, elle pratiquait des rituels païens à la gloire de la terre, de la nature et du corps humain, et la nudité et la sexualité faisaient partie de ces cérémonies. Les autorités de l'époque ont jugé hérétique la teneur de ces rituels et elle a été brûlée vive sur un bûcher. Lors de son incarnation suivante, Audrey est entrée en religion et a fait vœu de célibat, tout en conservant un vif intérêt, ainsi que des talents, pour le mysticisme. Aujourd'hui, Audrey continue de jeter des sorts et de manifester les choses, mais sa vie sexuelle est dans l'impasse depuis qu'elle a épousé un homme impuissant trop orgueilleux pour recourir à la médication ou consulter un sexologue. Elle a donc rompu ses « vœux » de célibat et est parvenue à raviver sa sexualité.

Les sages ont de bien meilleures chances d'être heureux en amour lorsqu'ils utilisent leurs remarquables pouvoirs magiques pour matérialiser l'amour qu'ils recherchent. Même si leur amoureux n'est pas incarné et qu'il se trouve entre deux vies dans le monde des esprits, le sage peut, grâce au pouvoir de concentration de ses intentions, matérialiser de merveilleuses et satisfaisantes relations amoureuses.

Les liens d'amitié les plus satisfaisants se tissent avec des personnes qu'ils respectent et qu'ils admirent. Sinon, les sages peuvent se retrouver avec des « clients » pour amis. Cependant, ce genre d'amitié est unilatérale et le sage se retrouve à endosser le rôle d'enseignant, alors que l'ami joue celui de l'étudiant. Dans ce genre de relation, le sage n'a jamais l'occasion de parler de ses propres difficultés, car il est prisonnier de son rôle du « plus fort ».

On accuse souvent les sages de se targuer de tout savoir. Cette accusation n'est pas sans avoir sa part de vérité, puisque les sages sont directement branchés sur l'inconscient collectif omniscient, sans oublier qu'ils sont également devins. La sorcière réincarnée Linda a confié ceci : « La plupart du temps, je sais ce que les autres s'apprêtent à dire, mais lorsque je finis leurs phrases à leur place, cela les irrite. »

Les enfants des sages accusent parfois leurs parents d'être contrôlants — encore une fois, cela s'explique par la forte propension qu'ont les sages à enseigner. Incapables de s'en empêcher, ces derniers peuvent par contre freiner leurs élans de manière que leur enseignement soit mieux reçu. Ils auraient intérêt à remplacer leurs longs discours par une façon d'enseigner qui soit à la fois captivante et instructive.

Pour ce qui est de leur vie amoureuse, il est important que les sages utilisent consciemment la visualisation pour amener bonheur et satisfaction dans leurs relations familiales et amicales. Ils peuvent mettre à profit leurs remarquables pouvoirs afin de s'imaginer entourés d'amis sûrs et aimants qui les aident, *eux*.

Alors si vous croyez être un sage, imaginez et ressentez au plus profond de vous l'appréciation de vos enfants pour vos enseignements. La façon dont vos souhaits se matérialiseront importe peu. Sachez simplement que cela arrivera un jour et relâchez ces visions dans l'Univers afin qu'elles se matérialisent rapidement et facilement.

## *Les sages et la magie*

Si vous êtes un sage, vous vous y connaissez en magie. Alors, si vous considérez qu'un aspect de votre vie laisse à désirer, prenez les devants et faites ce qu'il faut pour y remédier. Si vous attendez que l'Univers vous montre la voie, vous risquez de faire du surplace, car les sages sont des cocréateurs et l'Univers préfère savoir ce qu'ils veulent pour ensuite exaucer leurs souhaits. Cependant, les sages ont suffisamment d'expérience pour savoir que ce que nous désirons n'a pas nécessairement le pouvoir de nous rendre heureux. Avant de demander quelque chose, il est donc prudent de prier pour *savoir ce qui est bon pour vous.*

Il est crucial de croire en vos propres habiletés, même si vous n'avez que cinq à dix pour cent de foi. Si vous demandez quelque chose, mais que vous avez peur que ça ne se produise pas, vous bloquerez le processus de matérialisation. Au besoin, vous pouvez « emprunter » de la foi à l'un de vos guides ou encore demander à l'Univers de balayer les peurs qui vous empêchent d'avoir pleinement confiance en vos capacités.

À l'instar de nombreux sages, il se peut que vous ayez prononcé des vœux à titre de novice ou d'adepte d'un ordre religieux dans une vie antérieure (vous étiez peut-être moine ou religieuse). Les vœux prononcés concernent le plus souvent la souffrance, l'abnégation ou le sacrifice de soi, la pauvreté, la chasteté, la virginité, le célibat, l'obéissance et le silence. À moins de vous être complètement détaché de ces vœux, votre vie dans son ensemble en souffrira, mais surtout vos amours, votre sexualité et vos finances. Vous ne serez réellement libre qu'après avoir rompu les vœux que vous avez prononcés dans vos vies antérieures. Seuls les vœux que vous choisirez en toute liberté vous seront bénéfiques, c'est-à-dire les promesses que *vous* décidez de vous faire et que vous réévaluerez régulièrement de manière à vous assurer qu'elles vous conviennent encore.

Pour rompre ces liens et dissoudre leur pouvoir néfaste sur votre vie, prononcez ces paroles avec fermeté :

*« Je romps ici même tous les vœux de souffrance, d'abnégation ou de sacrifice de soi que j'ai pu prononcer quelque part dans le temps.*
*Je dissipe tout effet néfaste découlant de ces vœux, maintenant et pour toujours. »*

Répétez cette formule pour chaque vœu que vous avez prononcé (pauvreté, célibat, etc.). Étant donné qu'il était courant à l'époque de signer une entente de ce genre avec son propre sang, il vous faudra déployer une très grande force pour la rompre. Pour vous aider, vous pouvez allumer une bougie noire (très utile contre la négativité et les situations stagnantes) et tenir votre cérémonie un jour de pleine lune, jour privilégié pour toute délivrance. Commencez par vous lever et lisez chaque phrase à voix haute en tapant du pied avec force. Mettez-y du cœur et soyez convainquant !

Vous, les sages, n'oubliez jamais le pouvoir de la parole. Pensez bien à ce que vous souhaitez accomplir et — en paroles — ordonnez que cela se produise. Vous êtes passés maîtres dans l'art de jeter des sorts. Utilisez vos pouvoirs pour conjurer vos peurs, mais *aussi* pour matérialiser vos désirs. En fait, vous avez la capacité d'aller aussi bien dans la direction dictée par votre ego que dans celle qui vous est dictée par votre moi supérieur. Alors, réduisez votre ego au silence et augmentez le volume de votre voix intérieure.

Lorsque vos souhaits se matérialisent de façon tangible, accueillez-les à bras ouverts. Les sages les repoussent parfois par crainte de ne pas les mériter. Rappelez-vous cependant que ces souhaits se matérialisent pour vous aider à enseigner et à guérir. Vos élèves et vos clients méritent d'être aidés par un sage à l'abri des besoins matériels. Alors, je vous en prie, chers sages, mettez derrière vous tous les vœux d'abnégation et de pauvreté que vous auriez pu prononcer dans le passé.

## *Emplois adaptés au cheminement des sages*

En votre qualité de sage, vous êtes un leader naturel qui s'attire le respect et inspire confiance, entre autres à cause de votre charisme, de votre assurance, de votre prestance et de votre pouvoir personnel. Les gens sont tout naturellement portés à vous respecter et à vous admirer, même si certains se sentent intimidés en votre présence. Ils sont donc tout naturellement portés à vous suivre.

Étant donné que vous avez passé des vies entières à acquérir et à transmettre des connaissances spirituelles, les domaines suivants vous sont tout indiqués : enseignement de la spiritualité, astrologie, voyance, guérison par la spiritualité, channeling ou interprétation des cartes divinatoires. La plupart des sages ne sont pas heureux comme employés ou comme subalternes, à moins qu'ils ne respectent leur patron ou leur chef. Vous feriez un excellent président de société ou entrepreneur, grâce à vos aptitudes organisationnelles combinées à une connaissance intuitive des meilleures solutions à apporter selon la situation.

Cependant, à l'instar de tous les autres sages, vous seriez frustré si votre auditoire manquait de motivation ou si vos clients ne suivaient pas vos conseils.

### *Des hybrides au royaume des sages*

Comme vous le verrez au chapitre suivant, il y a des sages qui appartiennent concurremment à deux royaumes. Ce sont les chevaliers paladins, les anges mystiques, les sages des étoiles et les sages de la mer.

### *Conseils pratiques à l'intention des sages*

— **Faites honneur au pouvoir de la parole.** Soyez très conscient du pouvoir de vos paroles et de vos pensées afin qu'elles reflètent ce que vous désirez, et non ce que vous craignez. Votre pouvoir de matérialisation est tel que vous n'avez pas le luxe de vous tromper, de parler de vos craintes ou d'y penser. Consacrez toute votre énergie à la manifestation de vos désirs et de votre mission de vie.

— **Rendez hommage à votre passé.** Explorez vos vies antérieures au moyen de régressions afin de vous libérer de toute émotion résiduelle susceptible de vous barrer la route aujourd'hui. Lisez des livres et regardez des films qui concernent les époques où vous avez vécu.

— **Soyez conscient de la force de votre tempérament.** Lorsqu'un sage se déchaîne contre une autre personne, c'est un peu comme s'il lui jetait un mauvais sort. Utilisez votre pouvoir prudemment et pensez-y à deux fois avant de maudire quelqu'un, car vous pourriez lui porter un grave préjudice, sans compter que cela risquerait de se retourner contre vous.

— **Enseignez ce qui vous paraît important.** On prêche toujours par l'exemple ; alors, élevez-vous jusqu'aux sommets les plus hauts afin d'inspirer les autres. Vous avez choisi de venir sur terre pour faire découvrir aux humains leur véritable potentiel. Il est donc important de donner l'exemple.

— **Riez et amusez-vous.** Même si votre mission est vitale, votre vie doit être ponctuée d'épisodes de jeu et de rire. Votre mission nécessite de la sincérité, pas du sérieux. En outre, le rire vous aidera à consoler votre cœur brisé dans cette vie-ci ou dans une vie antérieure.

## Chapitre 6

# *Les royaumes métissés et les êtres hybrides : anges mystiques, chevaliers, sages des étoiles, farfadets et peuple de la mer*

Dans le cadre de mes cours menant à la certification, j'explique en détail la nature des divers royaumes. Puis, je demande aux membres de l'auditoire de se regrouper suivant le royaume auquel ils appartiennent. Les personnes qui hésitent à choisir un royaume sont invitées à intégrer successivement chacun des groupes, afin de déterminer celui avec lequel elles ont le plus d'affinités. D'instinct, les gens sentent s'ils appartiennent ou non à un groupe.

Certains ont senti qu'ils appartenaient autant à un groupe qu'à un autre. Plusieurs, par exemple, ont signalé leur difficulté à déterminer s'ils se sentaient mieux parmi les anges incarnés ou parmi les sages. Pensant qu'il devait s'agir d'âmes évoluant d'un royaume à un autre, je les classifiais dans la catégorie des âmes en transition, des changeformes ou des dilettantes.

Fait à noter, lorsque mon fils Chase était registraire pour mes cours de certification donnés aux États-Unis, il y avait toujours un fort pourcentage d'élémentaux parmi les participants. Je n'en ai jamais fait de cas jusqu'à ce qu'une conseillère spirituelle du nom de Betsy Brown remplace Chase dans ses fonctions, et que l'énergie de nos cours en thérapie angélique change du tout au tout.

Lors du premier cours pris en charge par Betsy, 50 participants n'arrivaient pas à trouver leur place pendant l'exercice visant à déterminer l'appartenance aux différents royaumes. Ils se plaignaient tous de la même chose : ils avaient l'impression d'appartenir aussi bien au royaume des anges incarnés qu'à celui des sages. En outre, il n'y avait pratiquement pas d'élémentaux, alors que nos groupes comportaient généralement une bonne quantité de fées et de lutins tapageurs.

Nous venions de découvrir un nouveau royaume : les indécis étaient tout simplement des hybrides, comme Betsy Brown ! Nous les avons donc appelés *anges mystiques*. J'ai alors compris que le pourcentage élevé d'élémentaux dans nos groupes précédents reflétait tout simplement le royaume de Chase. Qui se ressemble s'assemble !

## *Les anges mystiques*

> *Si vous regardez un ange*
> *mystique dans les yeux,*
> *vous verrez de la compassion.*

Comme je l'ai mentionné précédemment, les anges mystiques sont mi-sages, mi-anges incarnés. Ils ont beaucoup en commun avec les anges incarnés, c'est-à-dire qu'ils sont tendres, serviables et bienveillants. Comme ils ont eu plusieurs incarnations sur Terre (en qualité d'anges incarnés), ils ont été formés à l'école de la rue et ont tendance à s'encanailler. Il leur arrive de dire des gros mots, d'abuser de l'alcool et de parier aux jeux. Peu importe : ils n'en sont pas moins des anges.

Les anges mystiques apprécient les règles, car ils détestent le chaos. Si, comme les anges incarnés, ils s'excusent souvent, ce n'est pas parce qu'ils se sentent coupables, mais parce qu'il s'agit pour eux d'un moyen rapide d'éviter un conflit. De tous les royaumes, c'est celui des anges incarnés qui remporte la palme du sentiment de culpabilité.

Les anges mystiques possèdent la sagesse durement gagnée de ceux qui ont passé de nombreuses vies à porter assistance à leur prochain en temps de guerre et de conflits. Même si rien ne leur a été épargné, ils continuent d'avoir foi en l'humanité.

Comparativement aux anges incarnés, les anges mystiques ne ressentent aucune gêne à parler en public. Forts de leur expérience de sages, ils font de merveilleux enseignants, conférenciers et animateurs d'ateliers. Ils adorent enseigner les techniques de guérison et donner des conseils pour trouver le bonheur.

Les anges mystiques n'ont pas peur du côté sombre de la vie. Ils distinguent clairement le rôle de l'ego dans les drames humains. Les intérêts et le langage des anges mystiques sont un peu plus sombres et terre-à-terre que ceux des anges incarnés (un royaume qui n'aime pas voir les problèmes, ni la part d'ombre en chacun de nous, et encore moins en admettre l'existence).

Voici la description que donne un ange mystique de son royaume : « Nous utilisons aussi bien les tarots que les cartes d'oracles des anges. Nous sommes des guérisseurs qui savons tout sur tout. Parce nous avons été mis à mort dans nos vies antérieures, nous hésitons à dévoiler notre intérêt pour la spiritualité. Mais lorsque nous le faisons, nous mettons immédiatement tout en œuvre pour réaliser notre mission de vie. »

### *Les chevaliers paladins*

Ce royaume a été découvert par mon fils Grant. Comme vous vous en souviendrez peut-être, Grant a été le premier à me faire connaître l'existence du royaume des sages. Une fois ce royaume circonscrit, Grant s'est aperçu qu'il appartenait à une sous-catégorie de sages, que nous avons d'abord appelée « chevaliers ». Or, ce terme s'est révélé inexact, car il laissait entendre que ces êtres étaient des guerriers dans le sens étroit du terme. C'est alors que le mot *paladin*, qui renvoie au chevalier détenant des pouvoirs magiques ou au chevalier sacré faisant croisade au nom du maintien de l'ordre et du bien, a été suggéré par deux des membres de ce royaume. Historiquement, les paladins étaient des sorciers qui jetaient des sorts pour réaliser leur mission.

Les chevaliers paladins ont plusieurs traits en commun avec les anges mystiques, car ils sont également mi-sages, mi-anges. Les anges mystiques expriment leur nature angélique par des actes de guérison effectués au moyen de l'énergie ou par l'enseignement ; les chevaliers paladins, quant à eux, incarnent l'aspect protecteur des anges. Si les anges mystiques sont dépositaires de l'énergie de guérison de l'archange Raphaël, les chevaliers paladins, quant à eux, sont dépositaires de l'énergie de protection de l'archange Michael maniant l'épée.

Les chevaliers paladins sont les gardiens de l'ordre ; ce sont également les détenteurs de la vérité et des secrets sacrés, ainsi que les défenseurs de la courtoisie. Ils sont dignes de confiance, extrêmement serviables à l'endroit de leurs proches comme des étrangers, et capables de garder un secret (à moins que la divulgation de celui-ci n'ait pour effet de servir la justice). Les chevaliers paladins se sentent mal à l'aise en société, sauf s'ils discutent d'un sujet qui les intéresse personnellement. Ils sont galants et polis, mais peuvent également se montrer coriaces et entêtés lorsque leurs valeurs sont en jeu. Ils refusent de faire des concessions lorsqu'il s'agit d'éthique. Si vous vous souvenez bien, les anges incarnés (l'un des royaumes dont sont issus les chevaliers paladins) respectent l'autorité, l'ordre et les règles… surtout s'ils y adhèrent.

Les membres de ces royaumes ont été chevaliers du Temple, chevaliers de la Table ronde et héros des chansons de geste du Moyen Âge. Ils ont également servi de gardes du corps pour de grands prêtres et de grandes prêtresses, ainsi que pour des saints et des sages. Les chevaliers paladins sont généralement forts et costauds. Ils se tiennent la tête haute, remplis d'une fierté affranchie de tout ego. Leur regard est intense et limpide, aussi aiguisé que celui d'un garde du corps sur le qui-vive. Rien ne leur échappe.

> *Le regard des chevaliers paladins est intense et limpide, aussi aiguisé que celui d'un garde du corps sur le qui-vive.*

Les chevaliers paladins sont constamment fascinés par la chevalerie, les armures, les légendes de la Table ronde, les dragons et les joutes. Ils adorent les jeux vidéo, les livres et les films qui portent sur les tactiques militaires, les joutes d'épée et les actes de rédemption.

Qu'on pense seulement à Jeanne d'Arc, au roi Arthur, au roi David et au chevalier Lancelot.

De nombreux chevaliers paladins sont attirés par le service militaire, le maintien de l'ordre et les forces policières ; soit l'équivalent moderne des ordres de chevalerie. Ils s'intéressent également aux sociétés secrètes, comme la franc-maçonnerie, l'ordre des chevaliers du Temple et celui de la Rose-Croix : ils en deviennent membres ou alors se renseignent sur le sujet. Les chevaliers paladins des temps modernes doivent obéir non plus au roi, comme à l'époque, mais à leur guide intérieur. En se joignant aux forces de l'ordre, ils risqueraient de ne plus pouvoir écouter la voix de cette sagesse intérieure, voire de l'étouffer.

En Orient, les chevaliers paladins sont des samouraïs ou des moines Shaolin dont les règles de vie s'appuient sur la sagesse, l'autodiscipline, ainsi que sur les exercices respiratoires et posturaux.

Les chevaliers paladins font de merveilleux activistes se portant à la défense des causes qui leur tiennent à cœur. Ils réussissent bien dans les domaines du droit et de la politique, et ce sont de merveilleux écrivains, conférenciers, coachs et meneurs qui excellent dans le militantisme. Les chevaliers paladins *indigo* (une génération de visionnaires et de leaders naturels possédant une sensibilité supérieure à la moyenne) peuvent être des chefs de file passionnés qui inspirent les foules.

Les dragons incarnés constituent une sous-catégorie de ce royaume.

### *Les sages des étoiles*

Ces hybrides sont issus d'un métissage entre les êtres venus des étoiles et les sages. Les sages des étoiles sont des enseignants-nés qui répandent le savoir universel sur Terre et qui ont pour principal objectif de promouvoir la paix dans le monde en apprenant aux humains à mieux gérer leur stress.

> *Les sages des étoiles ont des yeux très singuliers, dans lesquels se reflète le caractère grave et sérieux de leur passion pour l'enseignement.*

Les sages des étoiles sont des personnes très sensibles qui peuvent capter l'énergie émotionnelle de ceux qui les entourent. Souvent mal à l'aise en présence des autres et parfois gauches en société, ils combattent ce stress en enseignant la philosophie, ainsi que des disciplines qui s'appuient sur des faits établis.

Bien malgré eux, les sages des étoiles essaient parfois de transmettre leurs connaissances aux membres de leur famille, sans se rendre compte que ceux-ci ont cessé de les écouter, croulant sous une avalanche de données techniques. Les sages des étoiles doivent donc rester à l'affût des signes émis par les personnes qui suivent leurs cours et assistent à leurs conférences, et surveiller les indices d'une baisse d'attention dans l'auditoire. Ils sont si intelligents qu'ils risquent de continuer à parler sans se rendre compte que leur interlocuteur n'écoute plus. Non pas qu'ils doivent vulgariser leurs leçons à l'excès, mais ils devraient faire en sorte de les rendre plus digestes.

## *Les farfadets*

Quand on évoque les farfadets, on pense à ces petits bonshommes habillés de vert. Cependant, les farfadets du royaume des anges incarnés varient en forme, en stature et en habillement. Tantôt femmes, tantôt hommes, bon nombre d'entre eux ressemblent, en réalité, à des farfadets géants. Or, leur aspect a très peu à voir avec leur appartenance à ce royaume : c'est ce qu'ils sont à l'intérieur d'eux-mêmes qui fait d'eux des farfadets.

Les farfadets sont mi-sages, mi-élémentaux incarnés. Ils tirent leur sagesse de leurs nombreuses incarnations sur Terre ; ils adoptent envers la vie une attitude pragmatique empreinte de gros bon sens ; ils sont très proches de la nature et sont dotés d'un redoutable sens de l'humour.

*Lorsque vous regardez un farfadet dans les yeux, vous voyez tantôt le sérieux et l'intensité d'un sage enseignant, tantôt le regard espiègle d'un enfant de sept ans sur le point de jouer un tour.*

Pour bien comprendre le royaume des farfadets, il faut revenir en arrière. L'un des premiers peuples d'Irlande s'appelait les Tuathas Dé Danaan, qui signifie « enfants de Dana » ou « peuple de Dana ». Dana était la déesse celtique de la Création. Les Tuathas possédaient des pouvoirs magiques leur permettant de changer de forme et de voyager dans le temps. Dans certains cercles, on les considérait comme des demi-dieux. Ils se sont battus pour l'Irlande, mais ont fini par être vaincus par les Gaëls, qui ont envahi leur pays. Plutôt que d'abandonner leur île, les Tuathas ont décidé de quitter notre monde pour une autre dimension et de se transformer en farfadets. De nos jours, ils continuent de diriger l'Irlande, mais ne sont visibles que par ceux qui sont suffisamment ouverts de cœur et d'esprit.

Les artisans de lumière du royaume des farfadets sont donc mi-sages, mi-élémentaux. Ils possèdent un savoir ancien qui leur permet de faire de la magie, de guérir et de manifester, à l'instar des sages d'autres cultures. En leur qualité de farfadets, ils peuvent passer d'une dimension à l'autre et se sentent profondément liés à la nature.

Ceux qui appartiennent au royaume des farfadets possèdent à la fois les attributs des sages et ceux des élémentaux. Tantôt sérieux, tantôt blagueurs, ils vous font la leçon puis, sans crier gare, se mettent à vous chatouiller. Bien que l'on imagine les farfadets sous l'aspect de petits hommes bedonnants à la barbe rousse, tout habillés de vert, certains peuvent néanmoins ressembler à des mannequins. Plusieurs membres de ce royaume ont un petit quelque chose du farfadet, que ce soit leur penchant pour les t-shirts verts, leur chevelure rousse, leur teint rougeaud ou leur ventre légèrement bedonnant.

Les farfadets sont des enseignants dès plus divertissants qui savent captiver leur auditoire. Ils sont passés maîtres dans l'art de raconter des histoires, et leurs contes recèlent toujours des messages importants. Dans la mesure où vous pouvez surmonter leurs sautes d'humeur et flirts occasionnels, les farfadets sont aussi merveilleux en amitié qu'en amour. Une chose est certaine : jamais vous ne vous ennuierez en leur compagnie !

*Le peuple de la mer*

> *La plupart des êtres qui viennent de la mer ont du vert dans les yeux.*

Tout comme les farfadets, les êtres qui viennent de la mer sont des hybrides appartenant au royaume des élémentaux. Ils possèdent donc, eux aussi, un petit côté espiègle et enjoué. Dans mon livre *Déesses et anges*, j'ai publié les résultats de mon sondage auprès du peuple de la mer.

J'ai tenu compte uniquement des sondages de ceux qui savaient hors de tout doute qu'ils appartenaient à ce peuple. La plupart ont fondé leur opinion sur leur correspondance avec les caractéristiques que je leur avais précisées : ils ne pouvaient pas vivre loin de l'eau ; les hommes comme les femmes s'identifiaient aux sirènes depuis l'enfance ; ils en rêvaient souvent ; et ainsi de suite.

Certains éléments significatifs sont ressortis de cette étude :

- 82 % des répondants avaient des cheveux roux ou des reflets roux naturels ;
- 82 % préféraient porter les cheveux longs (chez les femmes, ce pourcentage passait à 89 %) ;
- 79 % avaient des cheveux naturellement bouclés ou ondulés ;
- 69 % avaient du vert dans les yeux ;
- 85 % disaient avoir souvent ou constamment besoin de boire de l'eau ;

- 80 % disaient avoir souvent froid, même par temps chaud.

Si l'on considère que seulement de 2 à 10 % de la population ont les cheveux naturellement roux ou auburn, le fait que 82 % des répondants aient satisfait à ce critère est tout à fait renversant. Les cheveux roux sont un phénomène atypique considéré par certains comme une anomalie génétique. À une certaine époque, les rousses ont été accusées de sorcellerie. En effet, aux XVIe et XVIIe siècles, les Européennes aux cheveux roux ont été persécutées et brûlées lors des chasses aux sorcières. Avaient-elles déjà appartenu au peuple de la mer et conservé le savoir et les pouvoirs magiques propres à ce royaume ?

Comme je l'ai mentionné précédemment, ces êtres doivent absolument vivre près d'un plan d'eau pour être heureux et en santé. Les fées des eaux sont attirées par les rivières et les lacs, tandis que les anges de la mer, les sages de la mer et les êtres de la mer et des étoiles se sentent liés à la mer. De nombreux êtres de la mer gardent des souvenirs de l'Atlantide et de la

Lémurie, ou sont attirés par les histoires qui évoquent ces lieux.

Comme pour ceux des autres royaumes, les êtres de la mer ressemblent à leurs homologues du royaume spirituel. Ceux de sexe féminin s'apparentent à des sirènes avec leurs courbes sinueuses, et s'habillent souvent de turquoise ou de couleurs pastel. Les êtres de la mer mâles ont un physique d'athlète, sont minces et adorent le plein air. Hommes et femmes de ce royaume préfèrent porter les cheveux longs, et leur chevelure est naturellement ondulée avec, le plus souvent, des reflets roux naturels.

Les êtres de la mer affirment être frileux et préférer vivre sous un climat tropical ou, à tout le moins, y prendre des vacances. Bien qu'ils adorent nager, ils évitent l'eau chlorée des piscines, car ils sont affectés par l'odeur du chlore et l'effet de celui-ci sur leur peau.

Les êtres de la mer ont souvent soif et sont sujets à la constipation. En général, ils ont une bouteille d'eau sous la main et doivent éviter les fruits secs, qui risquent d'absorber une partie de l'eau dans leur corps. Les êtres de la mer ont la peau des pieds, des orteils et des talons sèche. Leur sensibilité à l'eau les rend particulièrement pointilleux quant au choix de l'eau embouteillée qu'ils consomment. S'ils ont souvent envie de salades d'algues, de légumes marins et de nori (l'algue aplatie dans laquelle on enveloppe les rouleaux de sushi), c'est sans doute parce que leur organisme a soif des nutriments que seule la mer peut leur procurer.

La plupart des gens aiment les dauphins, mais les êtres de la mer en sont follement épris. Ils aiment également les baleines, les oiseaux marins, les hippocampes, les libellules et les autres créatures aquatiques. Bon nombre d'entre eux accordent du temps ou un soutien financier à des œuvres de bienfaisance qui se consacrent à la protection des océans, des lacs et des rivières. Les plages des tropiques sont leurs destinations de vacances préférées et s'ils ne vivent pas déjà près d'un plan d'eau, ils y aspirent. Les êtres de la mer se font également un devoir de ramasser les déchets qui souillent les plages et les rives des lacs.

Ce royaume comporte quelques sous-catégories, que voici :

— **Les anges de la mer.** Ces hybrides se situent à mi-chemin entre l'ange incarné et l'élémental (les êtres dits « de la mer » sont en partie des élémentaux). Les anges de la mer passent facilement de l'espièglerie à la gentillesse, et vice-versa. Ceux qui sont de sexe féminin ressemblent parfois aux anges incarnés, avec leurs formes voluptueuses, leur visage en forme de cœur qui garde un air de jeunesse, et leur chevelure éclaircie par des mèches flottant sur leurs épaules. Et pourtant, ce sont des anges incarnés qui vivent sur la corde raide. Ils ont peut-être connu une dépendance à la drogue ou à l'alcool, ou encore de nombreuses trahisons amoureuses, et possèdent peut-être même un dossier criminel. Tout au fond, cependant, leur cœur est d'une pureté angélique.

— **Les fées de la mer.** Ces hybrides sont de purs élémentaux. Les fées de la mer n'ont donc pas à s'excuser d'adorer faire la fête près de la mer, d'un lac ou d'une rivière. Elles aiment prendre un verre sur la grève en admirant le coucher de soleil, ou alors sur une embarcation de plaisance, ou encore allongées paresseusement sur la plage. Ces personnes ont parfois du mal à trouver un partenaire amoureux tant elles sont perfectionnistes, et la liste des candidats et candidates qui échouent risque d'être longue. Les fées de la mer vous diront qu'elles recherchent quelqu'un capable de satisfaire, toute leur vie durant, leur besoin vital d'avoir du plaisir et celui d'être à l'abri financièrement. Elles adorent faire du camping et de la randonnée, ainsi que fréquenter les lacs et les rivières situés en montagne. Elles entretiennent des liens privilégiés avec les fées des eaux, que l'on appelle ondines et libellules.

— **Les êtres de la mer et des étoiles.** Les êtres des étoiles adorent aller à la mer, mais pas autant que ceux qui viennent à la fois des étoiles et de la mer. Ce sont des solitaires qui préfèrent nager ou encore faire de la voile, du surf, de la plongée sous-marine ou du tuba, soit seuls, soit avec une personne en qui ils ont confiance. Ils aiment tout particulièrement admirer les étoiles dans le ciel, allongés sur le pont d'un bateau au milieu de l'océan. Ils se rapprochent de leur étoile d'origine par le biais de l'énergie que dégagent les ions de l'eau.

— **Les sages de la mer.** Les êtres de ce royaume sont à mi-chemin entre le peuple de la mer et les sages. Ils possèdent la personnalité déjantée de l'élémental et le sérieux du sage. Ils adorent enseigner, surtout si la matière porte sur les dauphins, les baleines, l'Atlantide, l'écologie marine, la plongée sous-marine, la voile ou tout autre domaine relié à la mer.

— **Les dauphins incarnés.** Ces hybrides sont des dauphins qui ont pris la forme d'un être humain pour communiquer clairement leur message à notre race. Leur apparence trahit cependant leur véritable identité : les dauphins incarnés ont un physique qui ressemble à celui des *véritables* dauphins. Leur ventre légèrement proéminent donne à leur corps une forme apparentée à celle d'un ballon de football américain. La plupart d'entre eux ont les yeux gris, tout comme l'animal qu'ils incarnent.

> *La plupart des dauphins incarnés ont les yeux gris, tout comme leurs pendants qui peuplent les océans.*

En outre, les dauphins incarnés ont le même ricanement que ceux qui vivent dans l'eau. La plupart occupent des emplois liés à la mer. Ils sont biologistes ou écologistes marins, océanographes ou capitaines de bateau. Ils se passionnent pour l'écologie marine et enseignent merveilleusement bien cette matière. Et comme ils ont déjà été dauphins, ils sont capables de s'acquitter de leurs responsabilités tout en se détendant, en jouant ou en flirtant. Ayant l'habitude de nager en groupe, ils sont généralement très sociables et adorent discuter longuement, dans une atmosphère de bonne entente.

Je connais une femme qui adore les dauphins et qui accompagne régulièrement des groupes désireux de nager en leur compagnie dans des endroits exotiques. Avec ses yeux en amande et son corps à la fois svelte et arrondi, Gayle affiche des ressemblances physiques avec ce mammifère marin. Elle est directrice d'une société qui fabrique des piscines et son signe astrologique est Poisson. Écoutons-la : « J'adore la mer et il est *impératif* que je m'y rende régulièrement pour y refaire le plein d'énergie. J'adore les dauphins et les baleines et je passe beaucoup de temps dans la mer à nager avec eux. J'ai demandé à mes guides pourquoi je me sentais si proche de la mer et ils m'ont répondu : 'Mais Gayle, c'est parce que tu *viens* toi-même de la mer'. Au début, je ne comprenais pas bien ce que cela voulait dire, mais à présent, je crois que j'ai sans doute déjà été un dauphin. »

Outre les dauphins incarnés, j'ai également rencontré quelques baleines incarnées et, contrairement à ce qu'on pourrait penser, ce ne sont pas des obèses. Si les dauphins sont d'une nature enjouée, à l'instar des élémentaux, les baleines incarnées dégagent l'énergie protectrice et aimante des archanges. Fascinées par les baleines qui vivent dans la mer, elles sont nombreuses à se porter à la défense des droits des baleines ; il y en a également beaucoup parmi les biologistes marins, les marins et les adeptes de la plongée sous-marine. Ces personnes s'assurent ainsi de passer le plus de temps possible à étudier les baleines.

Ce sont là les principaux royaumes métissés que j'ai découverts en discutant avec mes élèves. Ceux qui ne s'identifient à aucun des royaumes que j'ai décrits continuent de m'aider à trouver d'autres êtres hybrides. Cependant, certaines personnes n'entrent dans aucune des catégories décrites précédemment. Nous avons donc, à leur intention, élargi notre perspective sur la question des royaumes métissés, comme vous le découvrirez au chapitre suivant.

CHAPITRE 7

# *Si vous avez l'impression d'appartenir à plus d'un royaume...*

ENVIRON DIX POUR CENT DES PERSONNES QUI prennent connaissance des différentes catégories d'anges terrestres me confient avoir l'impression d'appartenir à plus d'une catégorie. Même si ces anges terrestres savent qu'ils sont des artisans de lumière, ils ont du mal à définir leur royaume. Si c'est votre cas, réfléchissez à ce qui suit :

## 1. Énergie : en général, comment vous perçoit-on ?

| Un | est perçu comme : |
|---|---|
| ange incarné | gentil et aimant |
| élémental incarné | chaleureux, enjoué et espiègle |
| être des étoiles | serviable, décontracté et détaché |
| sage | sérieux, intense et royal |
| farfadet | tantôt sérieux, tantôt folichon |
| ange mystique | sérieux, intense, gentil et aimant |
| être de la mer | tantôt rebelle, tantôt docile |
| chevalier paladin | attentif et poli, mais gauche en société |

## 2. Apparence physique

| Les êtres de ce royaume | ont les traits physiques suivants : |
|---|---|
| anges incarnés | sont beaux et plutôt corpulents, avec parfois des traits de chérubin |
| élémentaux incarnés | ressemblent à des fées, des elfes, des lutins et des gnomes, mais en plus grand |
| êtres des étoiles | sont grands et dégingandés, ou petits avec un corps mince ou massif; ont des yeux et des traits inhabituels; portent des vêtements ordinaires et se maquillent très peu |
| sages | ont un visage long et un regard lointain; portent des chemises et des robes flottantes de couleur |

| | |
|---|---|
| | sombre ; ont souvent les cheveux longs et prématurément gris |
| farfadets | ressemblent souvent à un farfadet ; ont une préférence pour les vêtements verts ou de couleur terre ; ont presque toujours une étincelle dans les yeux |
| anges mystiques | possèdent un beau visage et un corps imposant ; affichent un air très sérieux |
| êtres de la mer | les femmes ont une silhouette galbée ; il y a généralement du vert dans leurs yeux et du roux dans leurs cheveux ; les hommes, comme les femmes, préfèrent avoir les cheveux longs ; ils portent souvent des vêtements turquoise ou bleu sarcelle |

| | |
|---|---|
| chevaliers paladins | sont grands et imposants ; leur regard est intense |

### 3. Leurs intérêts

| LES GENS DE CE ROYAUME | SE CONSACRENT À CE QUI SUIT : |
|---|---|
| anges incarnés | la guérison et l'aide à autrui ; la préservation du bonheur et de l'harmonie dans les relations interpersonnelles |
| élémentaux incarnés | l'enseignement, les divertissements, les arts et l'environnement |
| êtres des étoiles | la guérison énergétique, surtout le Reiki ; les progrès technologiques ; l'entraide |
| sages | l'enseignement ; la pratique du mysticisme, du psychisme et de la spiritualité |

| | |
|---|---|
| farfadets | l'enseignement, la musique ; raconter des histoires, jouer des tours |
| anges mystiques | l'enseignement des techniques de guérison |
| êtres de la mer | les dauphins, les baleines, les sports nautiques, la mer, la Lémurie et l'Atlantide |
| chevaliers paladins | faire respecter la justice, la vérité et la liberté ; défendre les opprimés et les causes louables |

## *L'âme en transition et l'âme changeforme*

Si vous ne connaissez pas encore votre royaume, il se peut que le vôtre n'ait pas encore été découvert ou que vous soyez une âme en transition — en train de changer de royaume — ou une âme changeforme (une catégorie qui s'appelait auparavant *dilettante*), qui butine tantôt dans un royaume, tantôt dans un autre, pour apprendre un peu de tout afin de progresser dans son évolution.

— **L'âme en transition.** Si vous êtes une âme en transition, vous êtes en train de changer de royaume, ce qui expliquerait que vous ne puissiez vous identifier à un royaume en particulier. Peut-être qu'après avoir passé plusieurs vies dans un même royaume, vous n'avez plus rien à y apprendre et que vous vous préparez à changer de royaume. Vous ne vous identifiez totalement ni au royaume que vous venez de quitter ni à celui auquel vous venez de vous joindre.

Cela vous ressemble-t-il ? Alors donnez-vous du temps. Il vous en faudra pour vous habituer à votre nouveau groupe, et ne vous jugez pas sévèrement uniquement parce que vous vous sentez déconnecté. Les anges terrestres qui sont des âmes en transition se sentent doublement aliénés — ils ont l'impression d'être différents non seulement des humains, mais des autres anges terrestres également ! C'est un peu comme être le dernier enfant choisi pour faire partie d'une équipe de soccer : il y a de quoi se sentir indésirable et déprécié.

Tout ceci est temporaire. Priez pour recevoir de l'aide sur le plan spirituel afin que vous sachiez que vous n'êtes pas seul, et que l'on vous désire et vous apprécie *réellement*. Après tout, vous avez été très brave de passer à un autre royaume et vos intentions étaient plus que louables. Vous l'avez fait pour être en mesure d'accroître votre contribution au monde qui vous entoure.

— **L'âme changeforme.** Certaines âmes recherchent la variété et l'aventure, et souhaitent acquérir une vaste expérience. Si vous êtes touche-à-tout, un peu comme un enfant dans une confiserie, vous n'arrivez pas à fixer votre choix et finissez par prendre tout ce qui figure au menu. Les changeformes sont des anges terrestres qui se promènent de royaume en royaume et qui ne s'installent jamais au sein d'une famille d'âmes en particulier. Ils préfèrent plutôt butiner, à la recherche de ce que chaque royaume a de mieux à offrir et, à chaque visite, ils apportent en cadeau les leçons tirées de leurs séjours dans les autres royaumes. Les changeformes s'adaptent promptement à des situations et à des gens nouveaux, un peu comme des enfants qui, ayant souvent changé d'école, auraient appris à s'intégrer rapidement à un groupe.

Si vous êtes une âme en transition ou changeforme, vous êtes semblable à une abeille qui butine de fleur en fleur, se nourrissant ici et là, et rapportant avec elle de quoi nourrir les autres. Vous êtes très utile, car vous apportez du « sang neuf » partout où vous passez. Vous êtes une source d'idées nouvelles et de régénération.

Vous pourriez provenir d'un royaume qui n'a pas encore été découvert. Le monde est en constante évolution et de nouvelles missions émergent. Et si vous êtes réellement une âme chargée d'une de ces nouvelles missions, alors que Dieu vous bénisse !

## *Emplois adaptés au cheminement des âmes en transition et changeformes*

Les âmes en transition et les âmes changeformes se divisent en deux groupes distincts : les *libres-penseurs* et les *souples*. Les *libres-penseurs* sont des meneurs et des non-conformistes radicaux qui s'enorgueillissent de leur marginalité. Ils sont d'avis que normalité égale médiocrité. Ce sont les champions des causes humanitaires et environnementales — sauf si elles sont trop populaires. Ils n'aiment pas suivre la tendance et cherchent à se creuser une niche à part, loin des masses.

Les libres-penseurs sont plus à l'aise comme travailleurs autonomes dans un champ d'activité artistique ou novateur, ce qui n'a rien de surprenant lorsqu'on sait qu'ils ont du mal à accepter de suivre les lignes directrices, les systèmes ou les règlements provenant d'une source d'autorité extérieure. Les domaines suivants leur conviennent tout particulièrement : arts plastiques, artisanat, édition, écriture et photographie.

Les *souples*, quant à eux, seront comblés par n'importe quelle carrière qui soulève leur enthousiasme et leur permet d'acquérir de nouvelles connaissances. Ils sont mieux adaptés au travail avec le public que les libres-penseurs. Idéalement, ils travailleront dans le domaine du voyage (guides ou accompagnateurs de croisière) ; ils seront agents d'artistes ou s'impliqueront dans un mouvement scout (pour aider les autres à réaliser leurs rêves) ; ou encore ils œuvreront dans la vente, dans la mesure où ils croient réellement dans le produit ou le service qu'ils représentent.

## *Conseils pratiques à l'intention des âmes en transition et changeformes*

— **Respectez votre décision de rester indépendant.** Ceux qui appartiennent à cette catégorie (qui n'est pas un royaume en soi) sont généralement des non-conformistes et des agitateurs. La planète a besoin dès à présent de votre force et de votre pouvoir ; alors, n'allez pas diluer ce dernier en vous efforçant de vous intégrer à un groupe ou à un autre, à moins que cela ne se fasse naturellement.

— **Enseignez la liberté.** Trop d'humains se laissent mener par les autorités en place. Par votre refus de vous conformer ou de perdre votre liberté, vous montrez aux autres qu'il est possible de vivre différemment. Plus vous parviendrez à être heureux et en paix avec vous-même, plus grande sera la portée de votre message. N'oubliez pas que, pour enseigner, il faut commencer par donner l'exemple. Par la suite, les occasions plus formelles de disséminer votre enseignement se présenteront d'elles-mêmes.

— **Pratiquez l'art de la manifestation.** Comme vous avez tendance à travailler en dehors des systèmes en place, vous devez recourir à la manifestation pour assurer votre subsistance. N'oubliez pas qu'aucune parole ou pensée n'est entièrement neutre et que ce que vous dites ou pensez contribue à créer votre avenir. Alors, pensez à ce que vous désirez et non à ce que vous craignez.

# Épilogue

## *Nous comptons sur vous !*

Cher ange terrestre, merci d'être sur la planète Terre en ce moment. Le seul fait d'être ici, avec votre belle énergie d'amour, nous aide tous ! Et pourtant, comme vous le savez, la mission qui vous attend est beaucoup plus vaste. Vous avez choisi de venir sur la planète à une époque cruciale de son évolution, afin de susciter de grands changements en mettant à profit vos talents naturels et en intervenant de manière conséquente.

À moins d'un changement radical dans la façon dont les masses réagissent aux problèmes environnementaux et relationnels, la vie telle que nous la connaissons pourrait disparaître. Vous êtes ici pour montrer qu'il existe d'autres façons de se comporter. Vous saurez quoi enseigner quand vous aurez compris ce qui vous inspire, vous inquiète ou vous révolte. Par exemple, vous êtes peut-être ici pour nous enseigner comment matérialiser ce qui est nécessaire à notre survie, afin que nous cessions de recourir à la compétition, à la fraude et à la guerre pour obtenir notre part du gâteau. Ou encore, peut-être êtes-vous ici pour nous faire comprendre la nécessité vitale de protéger la qualité de l'air, de l'eau et du sol. Peut-être vous êtes-vous engagé à venir nous enseigner comment mieux élever et éduquer nos enfants. Il y a, en ce moment, des centaines de sujets d'une importance capitale qu'il est urgent d'enseigner.

Comment vous y prendre ? De toutes les façons possibles ! En voici quelques-unes : donner l'exemple, écrire des livres ou des articles, envoyer des lettres aux journaux, agir au sein d'institutions gouvernementales ou à vocation éducative, prononcer des allocutions ou diffuser votre savoir par le biais des médias.

Une chose est certaine : nous avons besoin d'anges terrestres qui acceptent de prendre les commandes.

Les anciens systèmes, qui laissent à désirer sur le plan de l'intégrité, commencent à s'écrouler. Pensons seulement aux entreprises et aux églises qui ont abusé de leurs pouvoirs de mille et une façons. La nouvelle énergie n'aura cure de l'ancienne ; elle ne soutiendra plus ce qui appartient aux forces obscures. D'ailleurs, les systèmes gouvernementaux, légaux et éducatifs seront ébranlés par le vacillement de leurs propres forces obscures. Pendant cette période de transition, les anges terrestres, comme vous, peuvent empêcher les gens de céder à la panique et au pessimisme en leur montrant que l'on peut remplacer l'ancien par quelque chose de mieux.

Nous comptons tous sur votre capacité à vous consacrer corps et âme à l'accomplissement de votre mission de vie. Malheureusement, nous avons un besoin criant de gestes concrets posés par des gens comme vous… dans la mesure où ils naissent de votre désir d'aider. Surtout, ne remettez pas votre contribution à plus tard. N'attendez pas de savoir exactement en quoi consiste votre mission et quelle devrait être la prochaine étape ; n'attendez pas non plus d'avoir des garanties fermes que votre action portera fruit. Aidez de *n'importe quelle façon*, pourvu que ça vienne du cœur. Tout cela s'additionne et finit par compter, comme lorsqu'on recueille une multitude de petits dons en argent et qu'on se retrouve avec une somme considérable. Choisissez n'importe quoi, mais lancez-vous !

N'oubliez pas, en chemin, de prendre soin de votre corps physique. Ce dernier a un rôle important à jouer dans l'accomplissement de votre mission. Comme beaucoup d'anges terrestres, c'est peut-être la première fois que vous en avez un et vous êtes peut-être porté à le négliger ou à le malmener. La consommation d'aliments biologiques, l'exercice régulier et le repos vous fourniront l'énergie nécessaire pour mener à bien votre mission.

Il y a plusieurs années, Louise Hay, un ange terrestre de grande réputation et évoqué à quelques reprises précédemment (qui a fondé la maison d'édition Hay House), a décidé d'écouter sa voix intérieure et de publier le fruit de ses intuitions sur les liens de cause à effet entre les pensées et les différents maux dont nous sommes affligés. À l'époque, aucun éditeur n'a voulu de son livre ! Alors, plutôt que d'abandonner la partie, elle a dactylographié elle-même son manuscrit et en a fait quelques exemplaires brochés. Puis, obéissant à une nécessité intérieure, elle a donné des ateliers sur le sujet, des ateliers qui n'ont attiré au début que deux ou trois personnes. Jusqu'à présent, ce même manuscrit — intitulé *Aimez votre corps* — a aidé un nombre incalculable de gens et a servi de base à son bestseller *Transformez votre vie,* primé par le *New York Times* et vendu à 30 millions d'exemplaires partout dans le monde. Maintenant, lorsque Louise donne des conférences, elle attire des milliers de personnes !

N'êtes-vous pas heureux que Louise n'ait pas abandonné sa mission en cours de route ? Ne lui êtes-vous pas reconnaissant d'avoir ainsi persévéré ? Il existe une foule de gens dont les débuts étaient très modestes et qui ont réussi à rendre notre monde meilleur.

Votre ego prend sa source dans la peur, alors que votre moi véritable prend la sienne dans l'amour. Votre ego se porte bien lorsque vous vous sentez petit, pas à la hauteur et impuissant. Et pourtant, comment un être fait à l'image du Créateur peut-il être *autre chose* qu'imposant, puissant et sage ?

Votre ego sait très bien que, si vous vous rappelez votre véritable nature spirituelle (parfaite, puissante, créative et intelligente), il n'aura plus le pouvoir de vous faire peur. Alors, il vous souffle des mensonges comme : « Si tu acquières de la puissance, tu en abuseras ; les gens t'aimeront moins ; tu feras des jaloux, etc. » De grâce, n'écoutez pas votre ego ! Dites-lui de s'asseoir dans un coin et de cesser de débiter des inepties. Traitez-le comme une mouche fatigante et concentrez-vous sur autre chose.

Les anges nous disent : « Si vous vous sentez anxieux, concentrez-vous sur l'aide que vous pouvez apporter à autrui. » L'anxiété vient de ce que l'ego se préoccupe de l'opinion des autres. Si vous vous demandez plutôt : « Comment pourrais-je, à l'instant même, apporter davantage de lumière et d'amour dans la situation ? », vous aurez accès aux dons et aux pouvoirs spirituels de votre moi supérieur.

N'oubliez pas que l'envergure de votre peur sera proportionnelle à celle de votre mission. Plus le nombre de gens potentiellement aidés par votre mission sera élevé, plus votre ego utilisera la force pour vous empêcher d'agir. Votre ego tente de vous détourner de votre mission en vous incitant à vous y préparer plutôt qu'à passer à l'acte. Il tient un discours qui ressemble à ceci : « Commence par perdre du poids, faire plus d'argent, te marier, divorcer, déménager, obtenir ton diplôme, te faire publier, ouvrir un centre de santé, etc. *Ensuite*, tu seras en mesure d'aider le monde. » Que de foutaises !

Cher ange terrestre, vous êtes prêt dès maintenant à accomplir votre mission. Il n'y aura pas de journée plus parfaite qu'aujourd'hui pour y travailler. Que vous vous sentiez ou non qualifié ou préparé, foncez quand même ! L'auteur Sheldon Kopp a dit ceci : « Je ne me suis jamais lancé dans une entreprise importante alors que j'étais suffisamment préparé. » En d'autres termes : vous ne serez jamais fin prêt pour votre mission, alors il ne sert à rien d'attendre.

Priez pour demander chaque jour votre lot d'occasions d'assainir et de pacifier la Terre. Vous saurez que vos prières ont été exaucées lorsque des occasions d'enseigner et de guérir se présenteront à vous. Lorsque vous arriverez devant des portes ouvertes, ne partez pas en courant dans la direction opposée. Vous *êtes* prêt, vous *méritez* de participer à ce magnifique travail et *vous* êtes dès à présent *qualifié* pour le faire… ici, maintenant, tout de suite !

# *Ressources à l'intention des anges terrestres*

## LIVRES POUR LES ANGES INCARNÉS

Je ne connais aucun livre (à part celui-ci) qui traite des anges incarnés, mais voici quelques ouvrages qui pourront être utiles aux personnes de ce royaume :

ALBERTI, Robert E. et Michael L. EMMONS. *Your Perfect Right : Assertiveness and Equality in Your Life and Relationships.*

PHELPS, Stanlee et Nancy AUSTIN. *The Assertive Woman*.

SMITH, Manuel J., Ph.D. *When I Say No, I Feel Guilty*.

## Groupes de soutien pour les anges incarnés

Les groupes mentionnés ci-dessous ne s'adressent pas spécifiquement aux anges incarnés. Cependant, vous y trouverez des renseignements utiles sur la façon de vous affirmer et de fixer vos limites, ainsi que du soutien pendant que vous vous réappropriez votre pouvoir personnel. Ces groupes sont présents partout dans le monde. Pour connaître celui qui est situé le plus près de chez vous, adressez-vous directement à :

Al-Anon : **www.al-anon.org**
Co-Dépendants Anonymes : **www.coda.org**

## Groupes d'étude *Un Cours en miracles*

Le livre *Un Cours en miracles* est excellent pour vous aider à guérir de la culpabilité. On le trouve dans toutes les librairies et on peut télécharger gratuitement la version française intégrale au site suivant : *uncoursenmiracles.wordpress.com*. Il existe également un excellent réseau de groupes de soutien qui travaillent à partir du livre. Vous pouvez trouver ces groupes au : **www.chemindevie.net.**

## Livres au sujet et à l'intention des élémentaux incarnés


KELLY, Penny. *The Elves of Lily Hill Farm.*

HELLIWELL, Tanis. *Summer with the Leprechauns : A True Story.*

VIRTUE, Doreen. *Guérir avec l'aide des fées.*


## Livres portant sur le peuple des étoiles


CANNON, Dolores. *Keepers of the Garden.*

JHO, Zoev et Diana LUPPI. *E.T. 101 : The Cosmic Instruction Manual.*

MANDELKER, Scott. *From Elsewhere : Being E.T. in America.*

MANDELKER, Scott. *Universal Vision : Soul Evolution and the Cosmic Plan.*

MONTGOMERY, Ruth. *Aliens Among Us.*

STEIGER, Brad et Francie STEIGER. *The Star People.*

STEIGER, Brad et Sherry HANSEN STEIGER. *Starborn.*

## Livre portant sur le peuple de la mer

VIRTUE, Doreen. *Déesses et anges.*

# *Quelques mots sur l'auteure*

**Doreen Virtue, Ph.D.** est une métaphysicienne clairvoyante titulaire d'un baccalauréat, d'une maîtrise et d'un doctorat en psychologie. Elle a d'abord pratiqué la psychothérapie, mais se consacre aujourd'hui entièrement aux ateliers qu'elle donne à partir de ses livres et cartes divinatoires. Auteure prolifique, elle a écrit entre autres *La voie des artisans de lumière, Guérir avec l'aide des anges* et *Les enfants cristal.* Elle a été invitée à *Oprah,* à *Good Morning America*, ainsi qu'à des émissions du réseau CNN, et a fait l'objet d'articles dans des journaux et revues du monde entier. Pour en apprendre davantage sur ses ateliers, consultez son site Web au : **www.AngelTherapy.com**

# *De la même auteure :*

## *Cartes et jeux*

Cartes divinatoires des archanges
Cartes divinatoires des saints et des anges
Cartes divinatoires des maîtres ascensionnés
Cartes oracles des anges, guidance au quotidien
Cartes oracles des déesses
Cartes oracles des fées
Cartes oracles des licornes magiques
Cercle messager des anges

## *Livres Audio*

La purification des chakras
Libérez-vous de votre karma
Les enfants indigo, cristal et arc-en-ciel
Fées 101
Archanges et maîtres ascensionnés
Les anges de la romance
Messages de vos anges
Les anges et l'art de la manifestation
Passage dans nos vies antérieures avec les anges
Anges 101

## *Livres*

Anges 101
Archanges et maîtres ascensionnés
Déesses et anges
Être à l'écoute de vos anges
Fées 101
Guérir avec l'aide des anges
Guérir avec l'aide des fées
L'alimentation éclairée
La purification des chakras
La thérapie par les anges
La voie des artisans de lumière
Les anges de Salomon
Les anges terrestres
Les enfants cristal
Libérez vos kilos de souffrance
Magie divine
Médecine des anges
Merci, les anges !
Oracles des anges, guidance au quotidien
Paroles de réconfort de vos anges
Visions angéliques, tome I
Visions angéliques, tome II
Les nombres des anges
La médecine des cristaux
Mon ange gardien

AdA éditions
www.AdA-inc.com
info@AdA-inc.com